青 鸟

[比]莫里斯·梅特林克 著
亦 谐 编译

江西美術出版社
全国百佳图书出版单位

如何使用本书

Book Navigation

1 百科知识点

作者介绍、时代背景、衣食住行、风俗礼节方面的知识，让学生了解作品所处年代的点点滴滴。

2 阅读导航

故事背景和前情介绍，帮助学生了解故事脉络，让学生对故事的情节发展大胆地想象，提高阅读兴趣。

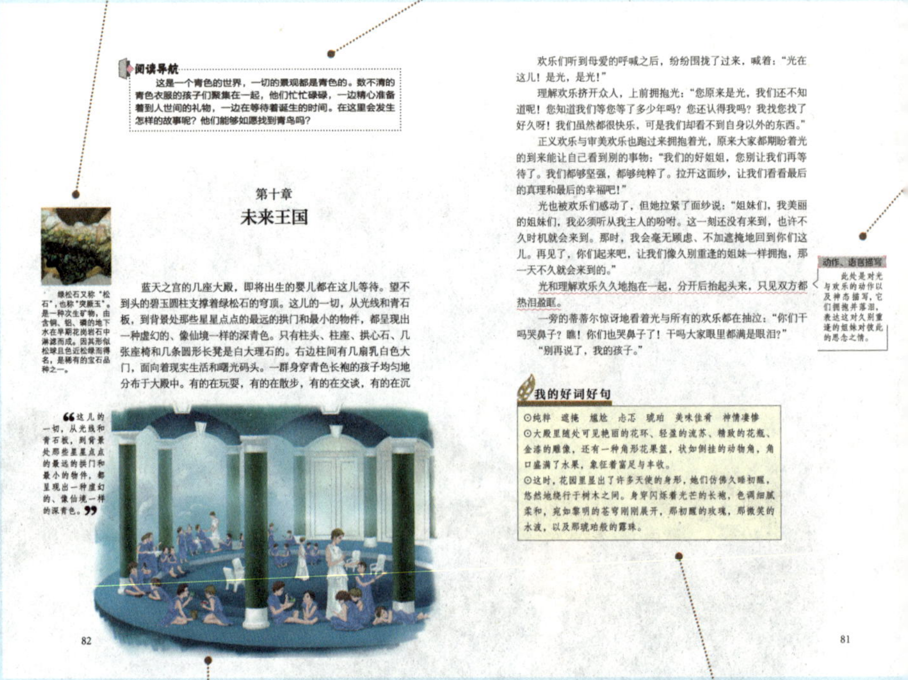

阅读导航

这是一个青色的世界，一切的景观都是青色的。数不清的青色衣服的孩子们聚集在一起，他们忙忙碌碌，一边精心准备着到人世间的礼物，一边在等待着诞生的时间。在这里会发生怎样的故事呢？他们能够如愿找到青鸟吗？

第十章

未来王国

绿松石又称“松石”，也称“突厥玉”。是一种次生矿物，由含铜、铝、磷的地下水在早期花岗岩石中淋滤而成。因其形似松球且色近松绿而得名，是稀有的宝石品种之一。

蓝天之宫的几座大殿，即将出生的婴儿都在这儿等待。望不到头的碧玉圆柱支撑着绿松石的穹顶。这儿的一切，从光线和青石板，到背景处那些星星点点的最远的拱门和最小的物件，都呈现出一种虚幻的、像仙境一样的深青色。只有柱头、柱座、拱心石、几张座椅和几条圆形长凳是白大理石的。右边柱间有几扇乳白色大门，面向着现实生活和曙光码头。一群身穿青色长袍的孩子均匀地分布于大殿中。有的在玩耍，有的在散步，有的在交谈，有的在沉

“这儿的一切，从光线和青石板，到背景处那些星星点点的最远的拱门和最小的物件，都呈现出一种虚幻的、像仙境一样的深青色。”

82

欢乐们听到母爱的呼喊之后，纷纷围拢了过来，喊着：“光在这儿！是光，是光！”

理解欢乐挤开众人，上前拥抱光：“您原来是光，我们还不知道呢！您知道我们等您等了多少年吗？您还认得我吗？我找您找了好久呀！我们虽然都很快乐，可是我们却看不到自身以外的东西。”

正义欢乐与审美欢乐也跑过来拥抱着光，原来大家都期盼着光的到来能让自己看到别的事物：“我们的好姐姐，您别让我们再等待了。我们都够坚强，都够纯粹了。拉开这面纱，让我们看看最后的真理和最后的幸福吧！”

光也被欢乐们感动了，但她拉紧了面纱说：“姐妹们，我美丽的姐妹们，我必须听从我主人的吩咐。这一刻还没有来到，也许不久时机就会来到。那时，我会毫无顾虑、不加遮掩地回到你们这儿。再见了，你们起来吧，让我们像久别重逢的姐妹一样拥抱，那一天不久就会来到的。”

光和理解欢乐久久地抱在一起，分开后抬起头来，只见双方都热泪盈眶。

动作、语言描写

此处是对光与欢乐的动作以及神态描写，它们拥抱并落泪，表达这对久别重逢的姐妹对彼此的思念之情。

一旁的蒂蒂尔惊讶地看着光与所有的欢乐都在抽泣：“你们干吗哭鼻子？瞧！你们也哭鼻子了！干吗大家眼里都满是眼泪？”

“别再说了，我的孩子。”

我的好词好句

⊙纯粹　遮掩　尴尬　忐忑　琥珀　美味佳肴　神情凄惨

⊙大殿里随处可见艳丽的花环、轻盈的流苏、精致的花瓶、金漆的雕像，还有一种角形花果篮，状如倒挂的动物角，角口盛满了水果，象征着富足与丰收。

⊙这时，花园里显出了许多天使的身形，她们仿佛久睡初醒，悠然地绕行于树木之间。身穿闪烁着光芒的长袍，色调细腻柔和，宛如黎明的苍穹刚刚展开，那初醒的玫瑰，那微笑的水波，以及那琥珀般的露珠。

81

4 精美插图

以图解文，直观、趣味，既增加学生的阅读兴趣，也使学生引发联想，加深对故事的理解。

5 好词好句

选取学生日常学习、生活中经常用到的好词、好句，一则积累写作素材，二则提高口语表达能力。

3 名师解析

通过对内文的分析，解析作者所运用的写作手法，引导学生深入思考，提升理解能力，并积累写作技巧。

比利时的节日

导语：比利时处于欧洲的西北部，与多国接壤，被称作“欧洲的十字路口”，历史上是多民族杂居的地方。厚重的历史、独特的地理位置和多元文化的融合，在比利时碰撞出精彩纷呈的文化面貌，使得它发展出独有的民俗节日，展现出独特的比利时风情，这使它成为著名的文化旅游胜地。

1. 班什狂欢节是在布鲁塞尔南面的一个小城班什举行，从每年三月的第一个星期日开始，为期三天，第三天是最热闹的一天。节日里人们化装游行，穿着特殊服装的滑稽小丑“日乐”，手持装满橘子的柳条筐，抛向围观人群，进行“橘子大战”。图1为人们装扮成小丑“日乐”造型。
2. 比利时的布拉邦特地区自14世纪开始，每年都会举行布拉邦特民间艺术节。节日期间人们会扮成稻草人在街头游行，有时表演古老的“跑驴”舞。图2为节日期间人们扮稻草人游行的场景。
3. 抛猫节是在每年五月的第二个星期日，在比利时西部的伊泊尔镇举办。抛猫节起源于中古时期，当时流行鼠疫，人们为向老鼠求情而将猫摔死，于是就把这一天定为抛猫节，以纪念那些冤死的猫。这天街上到处都是猫玩具，小孩子们会化装成猫游行。图3是节日的化装游行。
4. 比利时首都布鲁塞尔每年会举办民间于连节，用来纪念撒尿浇灭敌人的炸药导火索，而拯救了这座城市的小英雄于连。节日期间人们给于连的雕像披上盛装，聚集在广场表演各种文艺节目，唱《蓝色多瑙河》，还不时分发啤酒、咖啡及糖果给市民和游客品尝。图4为《于连雕像》。
5. 每年的7月21日是比利时的国庆日，比利时于1830年脱离荷兰并宣告独立，成立比利时王国，王位世袭，并推举利奥波德亲王担任国王，改称利奥波德一世。他于1831年7月21日登基，这天就成了比利时的国庆日。图5为比利时第一任国王利奥波德一世。

92

6 专题知识

百科知识点的更深入扩展，将作品中重点百科知识更深入、详细地讲解，让学生知其然，更知其所以然。

出版寄语

书者，述也，以载道，以寄情，以解惑，以明智。读书，需读经典。

何谓经典，即跨越了时间、空间的界限，为人们所一直追求的事物。

“立身以立学为先，立学以读书为本。”经典名著凝聚了人类思想艺术的精华，通过引人入胜的故事情节、令人深思的人生哲理、积极向上的精神观念，陶冶人们的情操，给人以多元的思维空间，为我们的生活、工作提供有益的借鉴。

经典名著蕴含的强大感染力足以影响读者的一生。诺贝尔文学奖获得者莫言说过：“读过十大名著，犹如拥有一笔财富。”

文字的魅力是无穷的，千万本书有千万种意境、千万个奇伟瑰丽的世界。

让我们打开经典之门，从现在开始，从阅读本书开始。

名师推荐

李煜晖 **北京师范大学文学院教授，博士生导师，中小学（含中职）语文国家教材建设重点研究基地副主任。**

阅读世界文学名著，积累语言知识，提高文学修养，增强文化底蕴，是青少年学习和成长不可或缺的重要内容。《世界文学名著拓展阅读：名师导读版》（系列）精选世界名著，邀请名校名师细致梳理知识点，生动解析创作艺术，深度探究主题思想，是培养青少年独立阅读能力的好帮手。

潘海燕 **“本然课堂”课程总设计师。原北京市朝阳区骨干教师、语文学科带头人，北京市第八十中学高级教师。**

《世界文学名著拓展阅读：名师导读版》系列图书，为学生文学阅读提供了一种更丰富、更自由、更开放的选择——将百科知识与文学名著中的人物、情节融为一体，不仅能帮助学生增长知识，而且能让学生全方位地走进文学世界，拉近学生和文学经典之间的距离，增强学生的多元思维。在阅读各种信息的同时，整合思维，形成新的认知图谱。

朱月玲 **北京市十一学校一分校语文学科主任，海淀区语文学科带头人。**

名师导读版文学名著系列添加了对阅读和写作方法的指导，使学生们能更好地学习表达策略和技巧，提高自己的口语交际和书面写作能力。同时还有对时代背景的解读板块，对学生们理解经典名著起到强有力的助推作用。另外，图文并茂的形式不仅可以缓解视觉疲劳，更重要的是文字与图片相互辉映，使读者如身临其境，近距离感知名著所演绎的社会生活。

前言

莫里斯·梅特林克被誉为“比利时的莎士比亚”，是第一位获得诺贝尔文学奖的比利时剧作家。他出身富裕家庭，在前往巴黎求学时被文学所吸引，从此走上了文学创作的道路。梅特林克一生笔耕不辍，创作了多部剧作，代表作有《盲人》《佩利亚斯与梅丽桑德》《阿格拉凡和赛莉塞特》《青鸟》。其中，《青鸟》是梅特林克最著名的作品，被世界各国多次改编成舞台剧、动画和电影等，经久不衰。

《青鸟》讲述的是樵夫家的一对兄妹，蒂蒂尔和米蒂尔，在平安夜被仙女贝丽吕娜指引着去寻找青鸟。为了找到它，他们走过很多地方。通过一顶神奇的帽子，他们在仙宫和糖果、面包交流；在思念之土与过世的亲人相见；在夜宫理解战争、疾病和死亡；在森林直面自然；借由墓地走向幸福之园和未来王国。最后，在圣诞节的早上他们回到家中。

青鸟在西方文化中代表幸福，蒂蒂尔和米蒂尔寻找青鸟的旅程，象征人类寻找幸福的旅程。虽然他们最终没有找到青鸟，但是他们知道青鸟在哪里，这代表他们知道了幸福是什么，幸福在哪里。

本书在原著六幕的剧本基础上，进行了一定的改编。相比晦涩难懂的原作，本书的讲述更浅显易懂，情节更加明了。本书配以大量百科知识和彩色插图，帮助读者了解西方文化和提升阅读趣味，更方便读者认识到书中各种形象的内在意义，从而引导青少年树立正确的人生观，勇敢面对生活中的挫折和苦难，领悟“幸福就在身边”的哲学道理。

主要人物介绍

蒂蒂尔：是一个坚强勇敢的小男孩。一开始他有点小自私，不肯将自己的斑鸠送给贝兰戈太太的女儿治病。后来，他在寻找青鸟的旅途中，渐渐学会了为他人着想，最终他将自己的斑鸠送给邻居的小姑娘。

米蒂尔：蒂蒂尔的妹妹，她是一个乖巧、单纯的小女孩。米蒂尔非常依赖哥哥蒂蒂尔，在寻找青鸟的过程中，她总是担惊受怕，希望能早点回家。

蒂洛：蒂蒂尔和米蒂尔的宠物狗。尽管蒂蒂尔和米蒂尔很嫌弃他，但他仍然对兄妹俩忠心耿耿，在旅途中一直跟着蒂蒂尔和米蒂尔，并且会不顾自己的生命地去保护他们。

蒂莱特：蒂蒂尔和米蒂尔的宠物猫。她表面上彬彬有礼，举止非凡，实际上一直在阻止蒂蒂尔和米蒂尔找到青鸟，因为一旦找到青鸟，她就会变成原来那只不会说话的猫。

贝丽吕娜：是一个仙女，她变成一个老夫人的样子来到蒂蒂尔和米蒂尔的家中，委托兄妹俩去寻找一只青鸟给她的小女儿治病。

目　录

阅读导航

平安夜前夕，穷人家的两个小孩儿站在窗前，眺望有钱人家漂亮房间中摆满食物的餐桌。因为太穷，父母甚至没有办法在平安夜给他们准备礼物。可是兄妹两人天性乐观，透过窗子“享受”了一顿美味的晚餐。

第一章
平安夜

传说在很远很远的地方有一只青鸟，如果有人能找到它，那他将会拥有一个幸福的人生。可传说之所以是传说，就是因为从来没有人知道青鸟在哪里，更别说能够找到它了。为了青鸟，有些人费尽千辛万苦去了很远很远的地方，但再也没有回来；有些人雇用了很多很多的人去找，但最终也是一无所获。不过，在寻找青鸟的过程中也发生了许多动人的故事。时间老人将这些故事与青鸟的传说一起装进了自己的口袋里，带到了世界的每一个角落。它们被时间老人变成了各种各样的东西，藏在许多不起眼的地方。渐渐的，很多人不再相信这个传说是真的，甚至遗忘了它的存在。现在只有极少数的人还一直相信自己能找到青鸟，而他们中的大部分都是孩子。我们的故事也正是从两个孩子说起。

十二月的天总是黑得要快一点儿，太阳似乎受不了冬天的寒冷，早早地就躲进了大山的怀抱取暖去了。这天晚上，比利时的一个美丽的小镇里，入夜后不久家家户户的窗户里透出了明亮的灯光。不只是那些富人豪华的宅院里灯火辉煌，就连平时最节俭的人也不再吝啬这一点点的灯油。整个镇子被笼罩在了一片温暖的黄色光晕中。因为今晚是平安夜，明天就是人们期盼已久的圣诞节了。在镇子的东南角上有一间樵夫小屋，有点儿简陋，但并非惨不忍睹。充满了乡土气息的它此刻正静静地享受着这个特殊、

比利时为欧洲西北部国家，首都在布鲁塞尔。因与多国接壤，被誉为“西欧的十字路口”。国内大部分地区为丘陵和平原，属海洋温带阔叶林气候，四季分明。官方语言为法语，国花为虞美人，国歌是《布拉班人之歌》。

下图为位于比利时首都布鲁塞尔市中心的布鲁塞尔大广场

拟人

将火苗人格化，生动形象地再现了火苗燃烧的旺盛，表达了节日前人们愉快的心情。

美好的夜晚。小屋里，壁炉早已生起了火，火苗跳动着，愉快地在干柴上奏响了一曲“噼里啪啦”的圣诞歌。厨房的器皿、衣柜、大面包箱、挂钟、纺纱机等都卸下了晚饭时的繁忙，在自己的位置上一起融入了静谧的气氛中。桌上点着一盏小油灯。衣柜的两边趴着一只猫和一只狗，它们都蜷缩成一团，鼻子藏在尾巴下“呼呼”地睡着。它们中间放着一大块蓝白两色的大方糖。墙上挂着一个圆形鸟笼，里面关着一只斑鸠。小屋的两扇百叶窗紧闭着，下面还有张凳子。大门也被门闩锁得牢牢的。右边另有一扇门，打开便会看到通向阁楼的扶梯。靠墙的地方还摆着两张孩子睡的小床，床头的两张椅子上搁着叠得整整齐齐的衣服。

动作描写

蒂蒂尔母亲动作十分轻柔，生怕吵醒孩子，体现了她的温柔以及对孩子深深的爱。

此刻，蒂蒂尔和米蒂尔在小床上睡得正香。他们的母亲走近他俩，俯下身来，端详了好一会儿。他们的父亲也把头从半开的门探进来。母亲将一只手指放在嘴唇上，示意他不要作声，然后吹灭了小油灯，轻手轻脚地出去，随手关上了房门。屋子里重新回到了静谧的黑暗中。不一会儿，一束光从百叶窗的缝隙透进来，越来越亮。蒂蒂尔和米蒂尔似乎在梦中也感受到了这刺眼的光，竟同时醒了过来。哥哥蒂蒂尔揉着眼睛，借着外面射进来的光，看着自己的屋子。小油灯也不知道为什么竟重新亮了起来，一跳一跳的小火苗似乎是有人在逗弄它似的。

“母亲将一只手指放在嘴唇上，示意他不要作声，然后吹灭了小油灯，轻手轻脚地出去，随手关上了房门。”

蒂蒂尔感觉到旁边的小床上有了动静，就问：“是米蒂尔吗？”

接着，妹妹米蒂尔带着刚睡醒的迷糊的声音从旁边飘了过来：

“是蒂蒂尔?”

蒂蒂尔问：“你睡着了吗?”

“你呢?”米蒂尔打了个哈欠，问道。

蒂蒂尔转过头，看着自己的妹妹说：“没有，我没睡着，我这不是在对你说话吗?”

“今天是圣诞节，对吗?”

“还没到呢，是明天。可圣诞老人今年不会给我们带什么东西来了。”蒂蒂尔的语气开始显得很高兴，最后又慢慢沉了下去。

米蒂尔也有些着急，因为她可是已经盼望圣诞礼物一整年了，大概去年过完圣诞节就开始憧憬今年的礼物了。米蒂尔迫不及待地追问道：“为什么?”

蒂蒂尔叹了口气：“我听妈妈说，今年她没法到城里通知他来……不过明年他一定会来的……妈妈向我打了包票的。”

“明年还早着吧?”米蒂尔默默地低下了头，似乎在算着现在到明年还有多长时间。

“还早着呢……今天晚上他要到有钱孩子家里去……”

米蒂尔的声音越来越小，半天才挤出两个字：“是吗?”

蒂蒂尔的声音则突然兴奋起来，指着桌子上的小油灯说：“瞧！……妈妈忘了熄灯！……我有个主意。”

米蒂尔也被他兴奋的情绪感染了，急忙问道：“什么主意?”

“我们马上起床！”

米蒂尔皱了皱眉，说：“那怎么行呀！”

蒂蒂尔又指着窗外：“反正现在没人，你往百叶窗外瞧瞧！”

米蒂尔望向百叶窗，外面的光——不知道是月光还是小镇其他人家的灯光——透过缝隙细细密密地钻了进来，在屋子的地面上投下了一个斜斜的正方形，金光闪闪。世界似乎正从很远很远的地方向两个孩子发出召唤，在这个特殊的夜晚，没有孩子会被忘记。米蒂尔看着眼前的一切，情不自禁地赞叹道：“啊！多亮呀！”

蒂蒂尔给自己的妹妹解释道：“这应该是过节的灯光。”

“过什么节呀?”

“今晚是平安夜啊！对面那些有钱的孩子家里也过节。这应该是圣诞树的灯光吧。我们可以把窗子打开，这样看得会更清楚。”

米蒂尔问：“我们能打开吗?”

蒂蒂尔信心满满地回答：“当然可以，反正就我们俩。你听到外面的音乐了吗？我们起来吧。”

省略

此处省略号的使用，表明蒂蒂尔说话断断续续，对于妈妈打的包票也是半信半疑。

置办圣诞树是圣诞节庆祝中最有名的传统之一。圣诞树指在圣诞节前后装点起来的常青树，一般用冷杉或赤松制作而成。树上布满了彩色的小蜡烛或小电灯，挂上了各种装饰品与彩带，树下放置着家人们互赠的礼物。

区别于横条棂与竖条棂的窗子，文中的百叶窗是一种由斜棂组成的木窗子。百叶窗水平方向内外看不见，用于建筑物，具有很好的隐蔽效果，又通风、遮阳，而且样式美观。

于是，两个孩子飞快地从小床上爬起来，胡乱地套上衣服，朝那扇下面有凳子的窗户跑去。他们爬上凳子，一把推开百叶窗。顿时，一道强烈的亮光从这个缺口倾泻而入，将两个人笼罩在这美丽的光晕中。兄妹俩贪婪地往外看着。

蒂蒂尔兴奋地小声叫着："都看见了！"

"我看不见！"米蒂尔抗议到。她只在小凳子上占到很少的一部分，着急地叫出声来。

蒂蒂尔这时已经顾不上妹妹的抗议了，他一脸陶醉地描述着外面的世界："下雪了！快瞧，那里有两辆六匹马拉的车！"

米蒂尔接着他的话往下说："车里走出了十二个小男孩！"

"你真傻！明明是十二个小女孩啊！"

米蒂尔不满地噘起嘴，争辩道："你没看见吗？他们都和你一样穿着长裤呢。"

蒂蒂尔放弃了和妹妹的争论："你还真行，但别这样推我呀！"

米蒂尔大声地抗议道："我碰都没有碰你！"

"你把地方全占了！"其实蒂蒂尔几乎完全占据了小凳子，米蒂尔只在很窄的边缘上踮着脚。

"可我一点地方也没了！"米蒂尔有点生气，她拉着哥哥的袖子，瞪着他说道。

夸张

突出了米蒂尔脚踮得高，表明她对窗外的世界非常向往，给读者留下鲜明深刻的印象。

"别说了，我看见树了！"

"什么树？"米蒂尔一下子就被哥哥的话吸引住了，忘记了和他争夺小凳子。她拼命地又往上踮了踮早已踮得很高的脚，脚尖都快和小凳子成九十度了。

蒂蒂尔向妹妹解释道："圣诞树呀！你光瞧着墙壁！"

米蒂尔不满又委屈地说："那是因为我没有地方，只瞧得见墙壁。"

蒂蒂尔再也不能无视妹妹的抗议，只能很不情愿地给妹妹让了一丁点儿地方："好了，你地方够了吧？我给你的可是最好的位置哦！哇，外面真的好亮呀！好亮呀！"

米蒂尔睁大了眼睛，好奇地问："他们闹哄哄的是在干吗？"

蒂蒂尔其实也不知道，但为了维护自己哥哥的权威，还是很肯定地回答："他们在演奏音乐。"

"我看，他们是在发火吧？"米蒂尔的语气中还带着怀疑。

蒂蒂尔不耐烦地说道："不是，不过是够讨厌的。"

米蒂尔又指着外面："又有一辆车套着几匹白马过来了！"

"别吱声！看就得了！"

可是米蒂尔并没有闭嘴，她的问题反而越来越多。诸如：挂在树枝后面金闪闪的是什么东西？有没有挂玩具娃娃啊？桌子上面的是什么啊？……

蒂蒂尔开始还耐心回答：树上挂的不就是玩具吗？刀呀，枪呀，士兵呀，大炮呀什么的。可是很快他就被妹妹没完没了的问题弄得烦躁不已。真不该叫她一起来看啊！

这时，米蒂尔又问："他们干吗不马上就吃桌子上的那些好吃的？"

"因为他们不饿。"

米蒂尔惊讶地瞪大了眼睛，似乎听到了这个世界上最不可思议

"米蒂尔惊讶地瞪大了眼睛，似乎听到了这个世界上最不可思议的事情。"

的事情。“他们不饿？为什么会不饿？”

“他们想吃就吃呗。”

“天天都这样？他们会一下子都吃光吗？会不会给其他人一点呢？”

“给谁？”蒂蒂尔目不转睛地看着远处的灯光问道。

“给咱们。”不知为何，这时米蒂尔的音量忽然小了下来，语气中一半是期待一半是可惜。

蒂蒂尔说：“怎么会呢？他们可不认识咱们。”

米蒂尔还不死心：“如果咱们问他们要呢？”

蒂蒂尔摇了摇头，语气坚定地说：“不能这样做，因为我们不被允许这样做。”

视觉、听觉描写

蒂蒂尔母亲动作十分轻柔，生怕吵醒孩子，体现了她的温柔以及对孩子深深的爱。

米蒂尔看见那些盛装打扮的人们在豪华宅院的门口进进出出，拍着手，高兴地说：“噢！他们可真漂亮。”

平安夜的聚会似乎到了高潮，人们在音乐声中翩翩起舞，孩子们也在旁边模仿着大人们。欢声笑语一阵一阵地飘到小屋里。蒂蒂尔指着对面，羡慕地说道：“看他们笑得多开心啊！”

米蒂尔说：“那些小孩跳舞了！”

蒂蒂尔点了点头，眼睛里闪动着兴奋的光芒：“是啊，咱们也跳舞吧！”

兄妹两人便一起在小凳子上高兴地跺着脚，还差点从上面摔下来。

忽然，蒂蒂尔像是发现了什么重要的东西似的，指着对面说：“快看！他们吃点心了！他们够得着！他们吃了！他们吃了！他们吃了！”

神态描写

蒂蒂尔欣喜若狂的神态，表明她对点心非常期待。通过对蒂蒂尔的神态描写使一个天真懵懂的孩子形象跃然纸上。

米蒂尔也发现了。“小小孩也吃了！有拿两个、三个、四个的！”

蒂蒂尔欣喜若狂，似乎自己也加入了他们，正在津津有味地吃着香喷喷的点心。

米蒂尔数着想象中的点心：“我呀，我分到十二个。”

蒂蒂尔说道：“我有四倍十二个！不过我会给你一点。”

这时，忽然传来了敲门声。

阅读导航

贝丽吕娜到底是位怎样的仙女呢？她为什么会出现在蒂蒂尔家里呢？不可否认的是，她的出现，即将开启蒂蒂尔和米蒂尔兄妹二人一段非凡的旅程。

第二章

仙女贝丽吕娜

“是爸爸！”

蒂蒂尔和米蒂尔从小凳子上跳下来，惊恐地望着门，他们以为是爸爸听到了响声来责备他们为什么还没有睡觉。正当两个人你看着我，我看着你，犹豫着不敢去开门的时候，一件令人惊奇的事情发生了——门居然自己开了。只见门闩吱吱嘎嘎地自动抬起来，门刚打开了一条小缝，就从外面闪进了一个人影。

> **设置悬念** 这个人影到底是谁呢？引起读者的注意和思考，激发读者的阅读兴趣。

兄妹俩睁大了双眼看着眼前的这一切，蒂蒂尔还揉了揉自己的眼睛。借着窗外的光，他们看清了那个人影原来是一个身穿绿衣、头戴红帽的小老太婆。她只有一只眼睛，鼻子往下弯成了一个夸张的弧度，几乎和下颏连在了一起。她的背驼得很厉害，还有些一瘸一拐的。当这个小老太婆拄着拐杖，佝偻地走到两人面前的时候，米蒂尔情不自禁地脱口而出：

> **肖像描写** 老太婆独眼，驼背，既苍老又丑陋，此处的肖像描写更突出她的神秘。

“你是巫婆？”

“哼……”老太婆从那极度弯曲的鼻孔里面哼出了一个长长的音符，不置可否。

“你……”米蒂尔眨了眨眼睛，还想问点什么。

这个老太婆不耐烦地挥了挥手，打断了她的话，自顾自地向兄妹俩提起了问题：

“你们这儿有没有会唱歌的青草和青鸟？”

蒂蒂尔想了想说：“我们这儿有青草，可是不会唱歌。”

米蒂尔抢了哥哥的话：“不过蒂蒂尔有一只鸟。”

斑鸠属于鸽形目鸠鸽科鸟类。比利时的斑鸠属于欧斑鸠，是一种体型略小（27厘米）的粉褐色斑鸠。颈侧多具有黑白色细纹的斑块，翼覆羽是深褐色，具有浅棕褐色的鳞状斑。

“可是我不能送人。”

蒂蒂尔立刻把话头抢了回来。

“为什么不能送人？”仙女假装有些好奇地问道。

“因为那是我的。”

蒂蒂尔瞪了一眼妹妹，责怪她多嘴。那只斑鸠可是他的宝贝，平时就连最好的朋友想借来看看自己都舍不得，更何况送给一个陌生的老太婆。不过他觉得自己的态度似乎有些强硬，担心这个老太婆生气。

没想到老太婆竟毫不在意，反而点了点头，似乎表示理解：“当然这是个理由。不过，我挺好奇这只鸟现在在哪儿？”

蒂蒂尔用手指了指房间角落里的鸟笼：“呐，在那个笼子里。”

这个老太婆不知道从哪里找出了一副老旧的眼镜，架在自己有些塌陷的鼻梁上，凑近了看着笼子里的鸟，一边看一边摇着头自言自语：“我要的不是这只，这鸟的颜色不够青。我要的那种你们一定得给我找来。”

蒂蒂尔疑惑地回答道：“可我不知道你要的鸟儿在哪里呀？”

老太婆摘下眼镜，转头看着蒂蒂尔说：“真抱歉，我的孩子。我也不知道它们在哪里。所以需要你们帮我去找来。我可以不要会唱歌的青草，但我非得要青鸟不可。这是为了我可怜的小姑娘，她就像你妹妹一样可爱，可眼下她病得很厉害。”

蒂蒂尔着急地追问道：“她得了什么病？”

“这个老太婆不知道从哪里找出了一副老旧的眼镜，架在自己有些塌陷的鼻梁上，凑近了看着笼子里的鸟，一边看一边摇着头自言自语……”

老太婆用拐杖顿了顿地，叹了口气说道："我也说不准是什么病，她想得到幸福。"

解释说明

老太婆为了救身患重病的女孩，拜托蒂蒂尔兄妹去寻找象征幸福的青鸟，自然地引出下文。

蒂蒂尔还是一头雾水："幸福？"米蒂尔则在一旁低头不语。

老太婆忽然问道："你们知道我是谁吗？"

蒂蒂尔想了想，又看了一眼妹妹，回答："您有点像我们的邻居贝兰戈太太。"米蒂尔也点着头表示赞同。

"什么！压根儿不像！毫无关系！真叫人恶心！我是仙女贝丽吕娜！"自称仙女的老太婆不知为什么突然非常生气，不断地用拐杖将地面敲得"咚咚"直响。

上图为童话剧场景

《青鸟》是部童话剧。童话剧是以童话为内容，以戏剧为形式创作的故事。一般通过歌舞设计由演员进行舞台呈现，或制作为卡通形式。

兄妹两人又一次睁大了眼睛："啊！仙女？"他们看过很多童话，也听妈妈讲过很多故事。里面的仙女都是既美丽又有着高深的法力，往往会在最危急的关头向主角施以援手。可是这个老婆婆……

这个老太婆仙女似乎也不想解释自己的身份，只是一个劲儿地催促道："你们得马上出去找青鸟！"

"您跟我们一起去吗？"蒂蒂尔还沉浸在第一次见到仙女的惊讶和疑惑中。

"不！我根本去不了。因为早上我在炖牛肉，我要是离开一小时以上，准要溢出来的。"仙女用手依次指了指天花板、壁炉和窗口，口气有些不耐烦，"你们是从这儿、那儿还是那边出去啊？"

蒂蒂尔胆怯地指了指门说："我宁愿打这儿出去……"

仙女突然恼火起来："绝对不行，你们的这个习惯真叫人生气！"蒂蒂尔明白仙女既然拥有高深的法力，又怎么会从门进出呢。她指着窗户："得了，我们就从这儿出去！你们还等什么？马上穿好衣服。"两个孩子按照她的吩咐，赶快穿好了衣服。

壁炉是一种西方常见的取暖设施，于室内靠墙壁砌成，包括壁炉架、壁炉芯、烟道三个部分。壁炉不仅可以用于取暖，还可以根据不同的材质和风格，对房屋起到装饰作用。

下图是19世纪法国的一个旧式壁炉

衣服都已经穿好了，仙女说："我们走吧！"

"不行。"蒂蒂尔害羞地小声说道，"我们还没有鞋。"

仙女："那不要紧。我这就给你们一顶有魔法的小帽。你们的爸爸妈妈在哪儿？"

蒂蒂尔指了指右边的门："在里面睡着呢。"

"你们还有其他的亲人吗？爷爷奶奶？兄弟姐妹？"

兄妹两人沉默了一下，小声地回答："没有，他们都死了。"

"那你们想再见到他们吗？"仙女望着他们，强硬的语气中带着一丝温柔。

蒂蒂尔激动地回答："噢，当然想啊！我马上就想见到他们！您能让他们出来吗？"

仙女摇了摇头："现在可不行，我的口袋里可没带来……不过他们会从天而降，当你们路过思念之土时就会看到他们。思念之土嘛，也就是在找青鸟的路上。过了第三个路口，在左边，一会儿就能找到。对了，刚才我敲门的时候，你们在做什么？"

夸张

对面灯火通明处的有钱人家摆着多得吃不完的点心，而蒂蒂尔兄妹却只能隔着窗户眼巴巴地看着，两者形成鲜明的对比，突出了蒂蒂尔家生计窘迫。

"我们在玩吃点心。"

仙女疑惑地看了看四周："你们有点心吗？点心在哪儿？"

蒂蒂尔把仙女拉到窗口，指着对面灯火通明的地方："点心就在有钱小孩子的家里。您来看看，多美呀！"

"可吃点心的是别人呀！"仙女似乎有些不忍心，但还是说出了这个事实。

蒂蒂尔并不介意："不错！可是我们什么都看得见！"

"你不埋怨他们吗？他们把什么都吃掉了，而你们什么都没有。我觉得他们真的不应该什么都不分给你们一些。"仙女说着说着，似乎有些生气。

"仙女生气地打断：'比不上你家漂亮。'"

蒂蒂尔笑了笑："倒没有什么不应该，因为他们家有钱嘛！对不对？他们的房子真的很漂亮！"

仙女生气地打断："比不上你家漂亮。"

蒂蒂尔摇了摇头："怎么会呢？我们家黑乎乎的，又很狭小，还没有点心。怎么比得上他们呢？"

"是吗？"仙女不慌不忙地回答："两边其实是完全一样的，只是你没有看清楚罢了。"

"不，我看得很清楚，我的眼睛很好。教堂的钟爸爸都看不清是几点，而我可以看得见！"蒂蒂尔辩解道。

这下仙女真的发火了。她假装愤怒地走近蒂

蒂尔，问道："我就要说你没有看清楚！你看清楚我了吗？你说，我到底像谁？"蒂蒂尔尴尬地低下头，躲避着仙女的目光。

可是仙女步步紧逼，一个劲儿地追问道："喂，你倒是回答呀！让我看看你是不是真的能看得清楚！我长得漂亮还是长得丑呢？"蒂蒂尔越发尴尬，慢慢地往后退，甚至想躲在妹妹米蒂尔的身后。

"你不愿意回答吗？我是年轻呢，还是很老很老呢？我脸上是粉红色的呢，还是蜡黄的？也许我是个驼背吧？"

蒂蒂尔赶忙安慰道："不，不，你不驼背……不，是驼得不厉害。"

上图为哥特风格的巴黎圣母院内景

教堂是基督徒生活中的一个重要的部分，是用于举行宗教事宜的地方。在欧洲教堂是最重要的城市景观。欧洲的教堂大致分为四种建筑风格：罗马风格、哥特风格、巴洛克风格和现代主义教堂。

仙女一脸严肃："是吗？可要是别人看到你的神情，别人一定会相信我其实驼得厉害……我是不是鹰钩鼻，而且左眼被挖掉了？"

蒂蒂尔忙摆了摆手："不，不，我没有这么说……是谁挖掉了你的左眼？"

仙女的声音突然提高，怒火让她原本佝偻的身材变得高大了许多："左眼没有被挖掉！你这穷小子真是没有礼貌！我的左眼比右眼还要漂亮，还要大，还要明亮，蓝得像没有云彩的天空一样。我的头发你看清了吗？它就像秋天丰收的麦子一样金黄，有着金子般耀眼的光彩！并且因为太多了，压得我抬不起头来。我金色的头发到处都是。你看看我的手上是不是？"说着，她伸出两小绺灰色的头发。

比喻

仙女将自己的眼睛比作碧蓝的天空，将头发比作金黄色的麦子，强调自己很美丽。

蒂蒂尔附和道："不错，我看到几根……"

"几根！是一绺、一束、一把！像黄金的波浪！我知道有的人视而不见，但我想，你不至于是这种愚蠢而可恨的睁眼瞎吧？"

蒂蒂尔连忙摆手说："不是的，不是的，只要没有被遮住，我都看得清楚。"

"可是被遮住的东西你也应该大胆地设想自己能够看得见！人真是古怪，没有了仙女，人什么也看不清了，而且丝毫察觉不出来。幸亏我身上总带着拨亮睁眼瞎的物品。你看看我从口袋里掏出什么来了？"

阅读导航

蒂蒂尔戴上了镶着钻石的神奇小帽，带着幼小的妹妹启程了。

第三章
启程

仙女从口袋里面掏出了一顶绿色的帽子。

蒂蒂尔称赞道：“噢！多漂亮的小帽子！帽上这亮闪闪的是什么？”

仙女指着帽子说：“这是使人心明眼亮的大钻石。只要把这顶帽子戴在头上，稍稍转动这颗钻石：就像这样从右到左拨弄一下，瞧见了吗？钻石便会在别人平时注意不到的额角突出的地方挤压一下，这样就能使人心明眼亮，看到那些被遮蔽的事物。你甚至可以马上看到具体事物里面的东西，比如说：面包、酒、胡椒这些东西的灵魂。”

半天没说话的米蒂尔突然插了一句：“糖的灵魂也看得见吗？”

仙女对米蒂尔质疑自己很是生气：“那还用说！你们净提些没用的问题。而且糖的灵魂也不会比胡椒的灵魂更有意思。我之所以给你们这样东西，是希望可以帮助你们找到青鸟。虽然我知道隐身戒指和飞毯对你们会更有用，不过这两样东西我都锁在柜里，却将钥匙丢了。啊！我差点忘了！”说着，仙女像是现在才记起了什么很重要的事情。

钻石是世界上硬度最高的天然矿石，是由碳元素组成的单质晶体，为公认的宝石之王。远古时期人们曾赋予钻石神话与宗教色彩，文中的钻石同样具有魔力。

仙女指着宝石，对兄妹俩说：“你们看，这样拿着，稍微再转动一下，就可以看到过去的事。再转动一下，便可以看到未来的事。很奇特，很灵验，而且又不发出声音。”

蒂蒂尔有些担心地说：“爸爸要是看到这帽子，肯定会从我这儿拿走的。”

“他看不见的！你只要戴在头上，谁也看不见。你要试试看吗？”仙女自信满满地打着包票，说着便给蒂蒂尔戴上了帽子。“现在你转一下钻石，转一下就会发生变化。”

蒂蒂尔遵照仙女的吩咐，转了一下钻石。顿时，他眼前的一切东西都发生了奇异的变化。外表如同老太婆的仙女顿时变成一个美丽的公主，垒墙用的粗糙的大石块竟然像蓝宝石一样发出幽幽的蓝色光芒。原本寒碜的家具此时也变得熠熠发光，笨重的白木桌变得非常华贵，宛如大理石桌，大钟的玻璃钟面似乎也感受到了这奇妙的时刻，眨着眼睛，露出了和蔼的微笑。钟摆在其中来回摆动，大钟的那扇门也打开了，众时辰手拉着手，走出来，她们纵声欢笑，在美妙的音乐声中翩翩起舞。

对比

钻石扭动后，蒂蒂尔眼前一切东西都发生了变化，老太婆变成美丽的公主，寒碜的家具变得华贵，变化前后形成鲜明对比，突出了钻石的神奇。

蒂蒂尔指着众时辰惊叫起来，也不害怕会把爸爸吵醒：“这些漂亮的太太都是些什么人？”

仙女微笑着回答：“你别害怕，这是你一生的时辰。她们一般都住在钟里，现在都乐意出来露露脸，自由自在地跳舞唱歌。”

“为什么墙壁这样明亮？这是糖做的还是宝石垒成的？”蒂

“蒂蒂尔遵照仙女的吩咐，转了一下钻石。顿时，他眼前的一切东西都发生了奇异的变化。”

摆钟是使用摆锤控制其他机件使钟均匀运动的一种时钟。1657年，由荷兰物理学家惠更斯利用摆的等时性原理发明。摆钟通常带有报时功能，所以又称为自鸣钟。

蒂尔不解地用手触摸了下家里的墙壁，似乎还是不敢相信发生的一切。

“凡是石头都是一样发亮的，因为石头都是宝石。而人只能分辨其中几种……”

正在他们说话的时候，神奇的仙术还没有停下来，它继续显现，并且更臻完美。四磅重面包的灵魂个个像好好先生，穿着面包外皮一样焦黄色的紧身礼服，撒满面粉，慌慌张张地从大面包箱里溜出来，围着桌子又蹦又跳。看到面包这么开心，火也从炉灶里追出来。他穿着像硫磺一样的衣服，与面包们笑闹成一团。

蒂蒂尔又是紧张又是兴奋：“这些淘气的家伙都是些什么人？”

仙女也跟着欢快的节奏微微摆动着：“别紧张，这是四磅重面包的灵魂。他们每天在大面包箱里挤得难受，想趁机出来轻快一下。嘘！那个是火，不过他脾气很坏。你得轻点声，别惹恼他。”

动作、语言描写

爱犬蒂洛奔向蒂蒂尔拥抱他，并且诉说着自己能够与主人通过语言交流的快乐心情，更突显了钻石的神奇。

忽然从衣柜脚下发出了一声大叫，原本蜷伏起来的狗和猫，随即消失于黑暗之中，而在原地出现了两个人。其中一个戴着猛犬的假面具，另一个戴着猫的面具。人身狗面的小个男人——以后我们就称为狗——马上奔向蒂蒂尔，使劲拥抱他，同他亲热，发出很大的响声：“我的小神仙，你好！我终于有这么一天可以说说话了！我有一肚子的话想和你说呢。以前我拼命地摇尾巴，叫得再大声，你都不会懂我的意思。可是现在呢？我们完全可以懂得对方的意思啦！你要我用后腿直立行走吗？你要我在钢丝上跳舞吗？”蒂蒂尔看着仙女，恍然大悟，原来这就是自己的爱犬蒂洛啊。

而那人身猫面的小个女人——我们以后就简称为猫——先理了理头发，洗了洗双手，捋了捋胡子，然后慢慢走向米蒂尔。她彬彬有礼，风度非凡地向她伸出手去：“早晨好，今天早上小姐您真漂亮！”

纺车是用纤维材料如：毛、棉、麻、丝等原料，通过人工机械传动，利用旋转抽丝延长的工艺生产线或纱的设备。纺车通常有一个用手或脚驱动的轮子和一个纱锭。最早起源于中国，13 世纪传入欧洲。

米蒂尔似乎还没有搞清楚眼前的状况，仙女解释道：“这很容易看出来嘛，向你伸出手来的就是你的猫蒂莱特的灵魂，和她拥抱吧。”

狗却不管三七二十一就把猫挤开，想要抱着米蒂尔吻她，一会儿又冲着猫汪汪直叫，吓唬她，惹得仙女拿着棒子警告他：“你给我老老实实待着，要不然就让你说不了话，直到老死。”

屋角的纺车开始转动，向四周播撒着明亮的光线，令人眼花缭乱；另一个角落里，一位纯洁的少女从水龙头中缓步而出。她的歌喉婉转动听，就像变成一道清澈见底的泉水，流满水槽。她浑身上

“另一个角落里，一位纯洁的少女从水龙头中缓步而出。她的歌喉婉转动听，就像变成一道清澈见底的泉水，流满水槽。”

下都在往外喷涌着清澈的泉水，化作一颗颗珍珠和翡翠。水姑娘披散着如瀑的长发，泪流满面，一出来就跟火打得不可开交。

他们的争斗撞翻了奶壶，奶壶从桌上掉下来，砸碎在地上；但从牛奶里站起一个颀长、腼腆的白衣女子，她怯生生地环顾四周，似乎对什么都感到害怕。

蒂蒂尔问：“她们又是谁？”

仙女回答：“那是水和奶的灵魂啊！”

放在厨柜脚下的大方糖渐渐变大，撑破了包装纸，从中冒出一个人。他穿着半白半蓝的长罩衫，笑容可掬，但却令人感觉这只是他戴在脸上的面具。这个人晃晃悠悠地走向米蒂尔。

米蒂尔不安地拉了拉仙女的裙子：“他要干吗？”

仙女笑着安慰道：他就是糖的灵魂呀！他的口袋里都是糖，他的每根手指都是糖棒。”

这时，桌上的灯翻倒了，火焰马上蹿起来，化为一个美艳夺目的绝色美女。她戴着透明的、闪闪发光的长面纱，穿着淡黄色闪着银光的月色轻罗裙，袒露洁白的臂膀，戴着花冠一样的装饰，像是从古老希腊历史中走出的女人。她纹丝不动地站着出神。她就是光的灵魂。

方糖亦称半方糖，是用细晶粒精制砂糖为原料压制成的半方块状高级糖制品。方糖颜色洁白，当时多用蓝色包装，所以糖的灵魂穿半蓝半白的衣服。

外貌描写

她戴着闪光的面纱，穿着月色罗裙，肤白貌美，身姿婀娜，突出了光的灵魂非常美丽。

比喻

将架子上的铁锅比作荷兰陀螺；将衣柜门开合的声音比作欢快的乐章，生动形象地写出铁锅旋转速度快，衣柜门开合的声音韵律感强的特点。

架子上的铁锅都像荷兰陀螺一般旋转起来，衣柜的门也自动开合，碰撞着奏出欢快的乐章。里面涌出月白色和大红色的布匹，煞是好看。从阁楼扶梯滚下五颜六色的抹布、破衣，也同布匹混在一起。

忽然，右边门上重重地被敲了三下。

蒂蒂尔惊慌地小声说道："完了完了，是爸爸！他听见我们说话了！"

仙女敲了一下蒂蒂尔的头："镇定点，快转一下钻石！从左向右转！别这么快呀！我的上帝！没法子补救了！你转得太快了。这些东西都来不及恢复原位了，我们有麻烦了。"

霎时间，仙女又变成老太婆，墙壁不再熠熠生辉，时辰们都返回了大钟。只有火满屋子狂跑，寻找着壁炉。一块四磅面包也因为在面包箱里找不到位置急得号啕大哭。

敲门声再次响起。

“架子上的铁锅都像荷兰陀螺一般旋转起来，衣柜的门也自动开合，碰撞着奏出欢快的乐章。里面涌出月白色和大红色的布匹，煞是好看。”

面包惊慌失措，怎么也挤不进箱子里，急得流下了眼泪："没有办法了！他准会先吃掉我！"

狗绕着蒂蒂尔又蹦又跳的："我的小神仙！我还在这儿！我还能说话！我还能拥抱你！还能拥抱，还能拥抱，还能拥抱！"

反复

"还能拥抱"在小狗的话中反复出现，生动地表现了它对蒂蒂尔强烈的爱与依恋。

仙女看到狗和猫都还没有回去，好奇地问："你们也回不去？你们还留在这儿？"

狗和猫互相看了眼，共同回答："那扇拉门关得太快了，我们都来不及回到沉默的状态。不过，这样会有什么危险吗？"

仙女沉默了会儿说："我的上帝，我该对你们讲实话。凡是陪伴这两个孩子周游的，末了都会死去。"

"要是最后不陪伴他们呢？"

"那也只能多活几分钟。"

猫听了，就要拉着狗回去："来吧，咱们回到窝里去吧！"

狗使劲儿摇了摇头："不，不！我不愿意！我要陪着小神仙！我要随时跟他说话！"

猫有些生气地挤出两个字："傻瓜！"

这时，敲门声再次响起。

所有的东西都在为自己不能回归原状而叫苦不迭。面包号啕大哭着要马上回到面包箱里；火则不停地满屋子乱跑，并且不断发出不安的呼哨声；水站在水龙头下面，拼命想把自己塞回去；糖绕着撑破了的包装纸转着圈儿，无能为力；腼腆的奶则是不断地小声重复着："我的小壶打碎了……"

仙女看着眼前的一切，不由得抱着脑袋，叫道："我的上帝，他们真蠢！又蠢又胆小！他们宁愿继续待在憋屈的箱子里、窝里和水管里，却不愿陪着这两个小孩子去寻找青鸟吗？"

除了狗和光，所有人都点头道："是的！是的！我们要马上回去！我的水管！我的面包箱！我的壁炉！我的猫窝！"

仙女看着光，她正盯着打碎的灯在发愣："你呢？光，你也要回去吗？"

光摇了摇头，十分坚定地说："我要陪伴孩子们。"

狗快乐地大叫道："我也要陪伴孩子们！我也要陪伴孩子们！"

其他人面面相觑，不知道是不是应该陪着孩子们去寻找青鸟。这时，外面的敲门声变得越来越大，仙女看了看，觉得必须得自己来拿个主意了，便说道："好吧，不过眼下不这样也不行。由不得你们做主了，你们非得跟我们一起走不可。不过你们呀，火，你不能靠近别人；你呢，狗，你不要捉弄猫；而你呢，水，你得约束住自己，不要流得到处都是……”

蒂蒂尔扒在门上，侧耳倾听：“还是爸爸！他这下起床了，我听见他走路的声音了。”

仙女招呼着大家：“我们从窗口出去吧。你们都到我家里去，我会给你们这些动物和东西穿上合适的衣服。”她又对面包说：“面包，拿着笼子，要用来关青鸟的。以后就由你来看管笼子！快，快，别耽搁时间了。”

蒂蒂尔家的窗子突然向下伸长，变成一扇门那样。等到所有人走出，窗子又恢复了原样，像当初一样关上了。刚才欢乐喧闹的房间重新归于平静，两张小床又没入阴影中。右边的门开了一半，蒂蒂尔父亲的脑袋探了进来。他看了眼两张安静的床：“没有什么呀！是蟋蟀在叫吧。”

蒂蒂尔母亲在他身后捅了捅他：“你看到孩子了吗？”

蒂蒂尔父亲随意扫了一眼，打了个哈欠回答：“那还用说！他们睡得很安稳。”

> **反问**
>
> “那还用说”用肯定的形式表示否定，蒂蒂尔父亲确信孩子们在睡觉，反问增强了气势和说服力。

蒂蒂尔母亲满意地点了点头：“我听到他们呼吸了。”

随即，房门被轻轻地关上了。一切看似都回到了原来的样子，但一切早已不一样了。

我的好词好句

⊙遮蔽　粗糙　寒碜　腼腆

⊙四磅重面包的灵魂个个像好好先生，穿着面包外皮一样焦黄色的紧身礼服，撒满面粉，慌慌张张地从大面包箱里溜出来，围着桌子又蹦又跳。

⊙钟摆在其中来回摆动，大钟的那扇门也打开了，众时辰手拉着手，走出来，她们纵声欢笑，在美妙的音乐声中翩翩起舞。

⊙架子上的铁锅都像荷兰陀螺一般旋转起来，衣柜的门也自动开合，碰撞着奏出欢快的乐章。里面涌出月白色和大红色的布匹，煞是好看。从阁楼扶梯滚下五颜六色的抹布、破衣，也同布匹混在一起。

阅读导航

魏峨壮丽的贝丽吕娜仙宫，这里的房屋是用钻石砌成的，器皿陈设也都光彩夺目。在这里，蒂蒂尔一行人换上了华丽的衣裳。

第四章
仙宫

贝丽吕娜仙宫的华丽前厅里，巍峨的大理石柱子分排在两边，柱头都用金银包着，在明亮的灯光下散发着炫目的光彩。回环曲折的楼梯与回廊隐在柱子后面，显得这座仙宫更加的富丽堂皇与庭院深深。在寻找青鸟前，仙女觉得有必要将蒂蒂尔等人打扮一下，便将他们带回了自己的宫殿。

> **环境描写** 此处描写了贝丽吕娜仙宫的富丽堂皇与幽深隐秘，营造了神秘的氛围，印证了贝丽吕娜的仙女身份。

猫、糖和火穿着华丽的衣服率先从仙女的更衣室走出来。猫的身子裹在一件黑绸紧身衣里，肩头上披了一条轻纱；糖将自己的长罩衫换成了绸缎做的长袍，只是颜色还是半蓝半白；火披着金镶边的深红大氅，夸张地扭动着自己的腰肢，脑袋上插着的五彩冠毛也跟着摇晃。三个人穿过前厅，走到右边的一条回廊下。

猫在前面领头，一边走，一边回身望着火与糖：“打这儿走。这座仙宫的曲径回廊我都认得，这是贝丽吕娜仙女从‘蓝胡子’那里接手的。趁两个孩子和光去看仙女的小孙女，咱们一定得好好利用这最后一点的空闲时间。我把你们带到这儿，就是要和你们商量一下咱们的处境。大家都到齐了吗？”

糖好像没有专心听她的话，反而指着更衣室的方向：“我看见狗从仙女的更衣室出来了。”

火瞥了一眼，语气中充满了不屑：“他穿的什么鬼玩意儿？”

猫笑着附和道：“他穿的是灰姑娘的马车车夫的服装，这种衣服也正好配他这样有奴才品性的狗穿。我们还是躲到栏杆后面去吧。说来奇怪，我对他总有戒心。我对你们说的话，最好也不要让

> **语言描写** 此处是对猫的语言描写，猫说狗穿的是“灰姑娘的马车车夫的服装”，讽刺狗是“奴才品格”，体现了猫的傲慢无礼。

“猫、糖和火穿着华丽的衣服率先从仙女的更衣室走出来。”

蓝胡子是法国作家夏尔·贝洛在1697年出版的一本童话集里的人物，他的嘴边长着一撮蓝色的胡子，拥有很多漂亮的房子和家具。

下图为欧洲18世纪的《蓝胡子》插画

他听见。”

不过她的话还没说完，狗和刚刚换好衣服的水已经发现了三人，正向他们走过来。

狗兴高采烈地跳着向他们展示自己的衣服：“瞧！瞧！……我们多漂亮呀！瞧瞧这些花边和刺绣，都是用金线绣的，货真价实！”

猫对水说：“这应该是驴皮做的‘时间之色’长袍，我好像曾经见过。”

水的脸有些红：“这服装配我最合适。”不过她听到了火在一边喃喃自语：“她没有带雨伞”。追问道：“什么？你说什么？”

火连连摆手：“没有什么，没有什么。”

水好像想起什么似的，说道：“我想，您在说那天我看见的大红鼻子吧。”

猫打断了她的话，做了个请安静的手势："嗨，别吵了，还有要紧的事要做呢！现在就等面包了。他在哪儿？"

狗捂着嘴笑着说："他在挑衣服，举棋不定，没完没了。最后他挑中一件缀满宝石的土耳其长袍，一把土耳其弯刀，一块缠头巾。"

这时，面包腆着肚子慢慢悠悠地走过来，他一只手握着刀柄，另一只手提着替青鸟准备的笼子。蓝色的绸袍紧裹着他的大肚子，粗大的腰带上配着弯刀。

上图为关于灰姑娘的插画

灰姑娘是一个童话故事中的角色，原在欧洲民间广为流传，后由法国作家夏尔·贝洛和德国的格林兄弟先后改编为童话故事。

面包得意扬扬地向众人炫耀道："嗨……你们觉得我这身打扮怎么样？"

猫一点儿也不关心面包的穿着，而是急于知道孩子们的情况："孩子们都穿好衣服了吗？"

"穿好了。蒂蒂尔先生穿的是小拇指那套红裤、蓝褂、白袜；米蒂尔小姐呢，她穿的是格雷泰尔甘泪卿的连衣裙和灰姑娘的拖鞋。不过，给光穿衣打扮费了点事！"面包还沉浸在自我陶醉之中，"仙女觉得她够漂亮了，不想给她打扮了！我就以我们尊严的名义提出抗议，认为这是最基本的、值得尊重的体面。最后我明白地说：不然的话，我拒绝同她一块儿出去。"

火在旁边冷不丁地插话："应该给她买一个灯罩！"

"那么仙女怎么回答你呢？"猫按捺不住自己的好奇心。

面包苦笑道："她给了我的头和肚子好几棍，我马上就服服帖帖了。但到最后一刻，光看中了那件放在驴皮宝箱箱底的'月光色'连衣裙。"

"闲扯够了，时间不多。还是谈谈我们的未来吧！"猫不耐烦地打断面包的话，"你们都亲耳听到了，仙女刚才说：这次出游的最后，同时也是我们生命的终结。所以现在要紧的事情就是要千方百计尽可能延长这次游历。但另外还有一件事，就是我们应该考虑到我们的种族和子女的命运。"

只有面包应声附和着，其他人则沉默不语。

猫瞪了一眼聒噪的面包："安静点，听我说下去。眼下我们所有在这里的动物呀、东西呀、分子呀都有灵魂，这是人还不晓得的，因此我们才能保留着一点独立性。但是，如果人找到了青鸟，就会知道一切，看到一切，我们就会完全受人的支配了。这是我的老朋友夜刚告诉我的，夜同时也是生命秘密的守护者。因此，这是同我们的利益攸关的。我们要不惜一切，哪怕是危及两个孩子的生

文学中有象征意义的鸟类

鸟类在古代是一种被广泛崇拜的动物。在世界各地的宗教信仰和神秘仪式当中，鸟具备极为丰富的象征意义。从古老的神话传说到现当代的文学作品，鸟也一直是必不可缺的动物，它们在不同的地域和历史有着不同的寓意。

1. 青鸟是对类似麻雀大小的青蓝色小鸟的统称，常见的有翠鸟、蓝松鸦等。在西方，青鸟被誉为幸福使者，象征着幸福、快乐、对梦想的追求图 1 为蓝松鸦。
2. 西方关于夜莺的寓意有两种说法：第一种来源于希腊罗马神话，认为夜莺是由菲罗米拉所变，它通过悲鸣控诉着自己的不幸，是幽怨哀婉的象征。第二种是源于夜莺歌声婉转优美，能触动人心，因此用它寄托对恋人的思慕之情。
3. 在古巴比伦神话中，鸽子是爱与育之女神伊斯塔身边的神鸟，被称为是“爱情之鸽”。在《圣经》“诺亚方舟”故事中，鸽子衔回橄榄枝表示洪水消退，此后鸽子被当作和平的使者。
4. 渡鸦有高度的智力，在斯堪的纳维亚半岛、古爱尔兰等地的文化里被尊崇为神明。由于渡鸦会吃腐肉，在瑞典、德国等地又被看作是阴暗、悲伤和死亡的代表。除此之外还有渡鸦与狼一起狩猎的传说。
5. 鸳鸯为中国著名的观赏鸟类，因为人们见到的鸳鸯都是出双入对的，就把它们当作男女之间爱情忠贞的象征。
6. 知更鸟声音婉转清丽，可以模仿多种叫声，是一种益鸟。英国古老的传说中还曾介绍过它与圣婴出世有关，所以它又被称为“上帝之鸟”。在圣诞卡和圣诞纪念邮票上常常可以见到知更鸟的踪影。

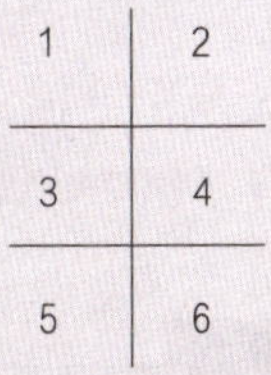

1. 天鹅因其羽色洁白、体态优美、叫声动人，在东西方文化中它都象征着典雅、高贵、优美、纯洁。同时天鹅还严守一夫一妻制，被人们称赞为忠贞不渝的爱情的象征。
2. 鹰是体态雄伟、性情凶猛、捕食能力极强的猛禽类。古罗马人认为鹰是神王“朱庇特之鸟”，象征着自由、力量、勇猛和胜利。现在仍然有许多国家的国旗或国徽中应用了鹰的图案。
3. 喜鹊在中国有吉祥、喜事等寓意。在古人的字画中有许多关于喜鹊的作品，如两只鹊儿面对面叫“喜相逢”，喜鹊登梅枝叫“喜上眉梢”等。
4. 凤凰是一种中国古代传说中的鸟，雄的叫“凤”，雌的叫“凰”，总称为“凤凰”，为“百鸟之王”。凤凰常用来象征祥瑞，是吉祥和谐的象征。
5. 杜鹃又叫布谷鸟、子规鸟，相传是周朝末年的蜀地君主杜宇死后所化，杜宇国亡身死，所以叫声哀怨凄悲。在中国古典诗词中，杜鹃鸟和杜鹃花常被用来寄托哀思。
6. 孔雀在希腊神话中象征赫拉女神。在佛教中孔雀是神圣的，它们是神话中“凤凰”之子，是瑞兽。在我国傣族人民的心目中，孔雀是善良、聪明、爱自由的鸟，是吉祥幸福的象征。

命，也要阻止人找到青鸟。”

狗忽然愤怒地吼道，并且作势就想打猫：“这家伙说些什么？你再重复一遍，让我听个明白。”

面包止住了狗，又故意往前腆了腆肚子：“别吱声！现在轮不到你说话！我在主持大会呢！”

火皱着眉毛：“谁任命你当会议主席的？”

一向和火对着干的水指着火的鼻子，讽刺道：“住口！您插进来干吗！”

火的火气也一下子就被点燃了：“该管的我都得管。用不着您来指点我！”

糖站在水火的中间，劝解道：“都别说了！不要争吵了！在这紧要关头！我们必须要对这问题达成一致意见。该怎么办？”

面包点了点头：“我完全同意糖和猫的意见。”

接着，每个人都开始发表自己的意见。

狗说：“真蠢！人就是一切！应该服从人，照他的吩咐去做！这才是真实可靠的！我只认人！人万岁！无论是生是死，一切都要为人！人就是神！”

面包又点了点头：“我完全同意狗的意见。不过能不能请你说说你的理由呢？”

狗说：“没有什么理由！我爱人，这就够了！如果您要做不利于人的事，我就要先咬死你，然后再一五一十去告诉给人。”

糖温和地打断：“都别说了！不要剑拔弩张，从某个角度看来，你们两位说得都对。凡事都得权衡利弊。”

面包又说：“我完全同意糖的意见！”

猫听了狗的话，早就怒不可遏了：“所有在这里的水呀、火呀，连面包和狗也在内，难道不都是某种暴虐的牺牲品吗？请你们想一想，在暴君来到之前，我们在地球上是逍遥自在的。水和火曾是世界上仅有的主人，请看他们现在变成什么样儿了！至于我们这些猛兽的瘦弱后代……小心！快装出没有什么事的样子。我看见仙女和光来了。光是站在人一边的，这是我们最凶恶的敌人。她们来了。”

> **借代**
>
> 猫用“暴君”代指人类，它认为人类的出现，使得大家的生活不再逍遥自在，从而体现出，猫把人类视为仇敌，因此称之为“暴君”。

仙女领着蒂蒂尔、米蒂尔和光看完自己的孙女之后，走进了前厅：“喂！怎么回事？你们在这个角落里干什么？看样子你们是在密谋什么吗？是上路的时候了！我刚决定让光做你们的头儿，我把魔棒交给她，你们大家要像服从我一样服从她。这两个孩子今天晚上要去见他们死去的爷爷和奶奶。为了谨慎起见，你们用不着陪伴他们了，他们要在死去的爷爷家度过傍晚。这段时间里，你们准备好明天路上要用的东西，明儿要走很长的路呢。好，起身上路吧，各人做各人的事！”

猫虚伪地笑着：“这正是我刚才对他们所说的话，仙女夫人！我鼓励他们自觉地、坚定地完成自己的职责。但讨厌的是，狗老要打岔。”

对比

猫能言善辩，阳奉阴违，颠倒黑白；狗则恰好相反。两者形成鲜明的对比，给人以深刻的印象。

狗听到猫诬蔑自己，正想扑上去，教训她一番。但蒂蒂尔早料到他的动作，提前用手势止住了他。

“下去，蒂洛！小心着；要是你再这样……”

狗还想辩解，蒂蒂尔严厉地说：“住口！”

仙女宣布道：“得了，别说了！今晚面包就把鸟笼交给蒂蒂尔。有可能青鸟就躲在‘过去’，在他爷爷家。无论如何，这是一个机会，不可放过！喂，面包，鸟笼呢？”

面包庄重地将鸟笼拿出来：“请等一下，仙女夫人，请大家给我作证，这个交给我的银鸟笼……”

仙女打断道：“得了！别废话了！我们打那儿走，孩子们打这

“狗听到猫诬蔑自己，正想扑上去，教训她一番。但蒂蒂尔早料到他的动作，提前用手势止住了他。”

“仙女示意面包解开他的土耳其长袍，从他的大肚子上切下一片面包给他们吃。”

儿走。”

他们刚要离开，两个孩子喊道：“我们饿了！”

仙女示意面包解开他的土耳其长袍，从他的大肚子上切下一片面包给他们吃。糖也走近两个孩子，一根接一根折下左手的五根手指，递给他们。

米蒂尔问：“你在干吗？你把自己的手指折断了！”

糖殷勤地说：“尝尝看，味儿好极了！这是真正的麦芽糖，你们一定会很喜欢吃的。”

米蒂尔尝了其中一根：“啊！真好吃！不过你这样不会痛吗？”

糖得意地说：“一点儿不痛。相反，还很有好处——指头马上又会长出来，这样，我的指头总是新长的、干净的。”

语言描写

从米蒂尔与糖的对话，不难看出作为食物的糖非常无私，小女孩米蒂尔担心糖会痛，说明她是个非常善良的人。

仙女在旁边催促道：“得了，我的孩子们，糖别吃得太多了。别忘记，待会儿你们要在爷爷家吃晚饭。”

蒂蒂尔：“爷爷和奶奶在这儿吗？他们不是都去世了吗？我们怎么能看到他们呢？”

仙女说：“既然他们都活在你们的记忆里，他们怎么会死呢？

人们都不知道这个秘密，因为他们知道的太少。而你不同，你有了钻石，因此就会看到。死去的人只要有人记得他们，便会生活得很幸福，仿佛他们并没有死去。”

蒂蒂尔说：“光，你会和我们同路吗？”

光摇了摇头：“我不跟你们一起走，你们一家人相聚更合适。我在附近等着，以免过于唐突，因此他们没有邀请我。”

蒂蒂尔问：“我们该走哪条路？”

仙女指了指左边：“从那边走，你们便会到达‘思念之土’的门口。你只要转一下钻石，就会看到一棵大树，树上挂着一块牌子，它会给你指出你到了哪儿。但别忘了八点三刻前一定得回来。这至关重要，你们一定得准时，如果迟到事情就不妙了。再见。”

麦芽糖是由含淀粉酶的麦芽作用于淀粉制成的。白色的麦芽糖在烹调时加入蔗糖，便会转至为金黄色。

我的好词好句

⊙巍峨　绸缎　诬蔑　富丽堂皇　怒不可遏

⊙狗听到猫诬蔑自己，正想扑上去，教训她一番。但蒂蒂尔早料到他的动作，提前用手势止住了他。

⊙仙女说：“既然他们都活在你们的记忆里，他们怎么会死呢？人们都不知道这个秘密，因为他们知道的太少。而你不同，你有了钻石，因此就会看到。死去的人只要有人记得他们，便会生活得很幸福，仿佛他们并没有死去。”

阅读导航

原来这个世界上并没有死这回事，死去的人只是到了另一个世界，到了那个由人们的回忆和怀念构成的世界中继续生活。

第五章
思念之土

环境描写

描写了思念之土被大雾笼罩的景象，营造了神秘的氛围，给人一种阴森恐怖的感受。

浓重的大雾为天地间的一切都蒙上了一层轻纱，道路尽头有两个若隐若现的身影在晃动。孩子们努力着试图看清眼前的事物，小心翼翼地挪动自己的脚步。原来，蒂蒂尔和米蒂尔正遵循着仙女的指引，前去寻找思念之土，不料在途中遇到了一场大雾。不知道在雾中走了多久，蒂蒂尔忽然叫起来："前面有一棵树。"

他们走到树下，才发现这是一棵枝叶繁茂的大橡树，抬头仰望，根本看不到树的顶端。正当两人疑惑这是不是仙女所说的那棵大树时，米蒂尔招呼着哥哥："快看，那儿有块木牌！"

蒂蒂尔爬到虬结的树根上，尽可能凑近了看："这上面写着'思念之土'。没错，这就是仙女说的地方。牌子上还有一个箭头示意我们往前走。"

"那爷爷奶奶在哪儿呢？"米蒂尔焦急地打量着被浓雾覆盖的四周。

蒂蒂尔慢慢顺着粗壮的树根滑下来："就在雾的后面，我们穿过去就会见到了。"

"我什么都看不见！我连自己的手和脚都看不见了。"米蒂尔有些害怕，说着说着竟哭了起来，"我冷！我不想走下去了。我要回家。"

蒂蒂尔不耐烦地抓着妹妹的手，径直就要往前走："得了，别像水一样，随时都要哭。你不害臊吗？你可不是小姑娘了！你瞧，雾已经开始消散了！雾里面有什么东西，我们马上可以看清楚了。"

“他们走到树下，才发现这是一棵枝叶繁茂的大橡树，抬头仰望，根本看不到树的顶端。”

蒂蒂尔并不是在说假话安慰米蒂尔。雾真的在移动，慢慢地变得稀薄，逐渐地变得透明，最后完全消失了。不一会儿，道路越来越明晰，一座浓荫覆盖下的漂亮农舍显现出来：外墙爬满藤枝，门窗都敞开着，屋檐下挂着好些蜂巢，窗台上放着几盆鲜花，一只鸟笼里栖息着一只鸫鸫鸟，门旁放着一张长凳，凳上坐着一个老农和他的妻子，他俩正在打着瞌睡。

“这是爷爷和奶奶呀！”蒂蒂尔一下子就认出他们了。

米蒂尔高兴地拍着手：“是呀！是呀！是他们！是他们！”

蒂蒂尔仍有些怀疑地挠了挠头：“小心！还不知道他们能不能动呢！我们就待在树后先看看再说。”

这时，老奶奶睁开眼睛，抬起头来，伸个懒腰，又瞅了瞅身边的爷爷，只见他也慢慢地醒过来。

老奶奶叹了口气，说道：“我心里有种感觉，我们的孙子、孙女今儿个要来看我们呢。”

老爷爷点了点头说：“不用说，他们肯定在想念我们；因为我

鸫鸟属雀形目，鸫科。是中小型鸣禽，叫声清脆，多在地面栖息，善于奔跑，飞行。它的嘴唇短健，上嘴前端有缺刻或小钩。文中的黑鸫鸟是一种鸣唱型观赏鸟。

心里老觉得不安，腿上也有麻麻的感觉。”

动作、语言描写

此处是对蒂蒂尔兄妹的动作和语言描写，他们见到爷爷奶奶后非常高兴，他们一边飞奔，一边大喊，表达了他们激动的心情。

老奶奶看着远处：“我想他们已经走近了，因为快乐的眼泪正在我眼眶里打转。”

老爷爷摇了摇头：“不对，不对，他们还在很远的地方，因为我仍然觉得很虚弱。”

这时，蒂蒂尔和米蒂尔从橡树后跑出去，一边往房子飞奔，一边大喊：“我们在这儿！我们在这儿！爷爷！奶奶！是我们俩！蒂蒂尔！米蒂尔！”

蒂蒂尔的爷爷乐呵呵地说：“可不是！你看见了吗？我是不是早说过，我就知道他俩今天要来。”

蒂蒂尔的奶奶激动地想要站起来迎接他们：“蒂蒂尔！米蒂尔！真的是你们呀！果真是他俩！可我跑不动了呀！我一直害着风湿病！”

爷爷一瘸一拐地跑过来：“我也跑不动，都是因为这条假腿。那年我从老橡树上摔下来，跌断了腿，之后就一直用着这条木腿。”

爷爷、奶奶和两个孩子发疯般地拥抱在一起，然后不停地询问他们的情况。

“爷爷、奶奶和两个孩子发疯般地拥抱在一起，然后不停地询问他们的情况。”

“蒂蒂尔，你长得更高、更结实啦！”

“米蒂尔！你瞧瞧！多漂亮的头发，多漂亮的眼睛！你的模样儿多可爱呀！”

“再亲亲我！坐到我的膝上来！”

“那么我呢，不坐到我这儿来啦？”

“不行，不行。先到我这儿来，你们的爸爸妈妈好吗？”

蒂蒂尔有些不好意思地回答：“非常好，奶奶。我们出门的时候，他们正睡着呢。”

奶奶慈爱地抚摸着两个孩子：“他俩多漂亮，多干净呀！是妈妈给你洗的吧？你们来真叫我们快活！你们把我们给忘了多长时间了呀，我们很久都没见过你们了……”

“可是我们来不了呀，奶奶。今天见到你们全是靠仙女。”

奶奶的眼角流出了一些眼泪：“我们一直待在这儿，等活着的人来看看我们。你们来的次数这样少！上次你们来，是哪一天？每次你们想念起我们，我们便会醒过来，看到你们。”

蒂蒂尔疑惑地问：“怎么，只要……”

省略

此处省略了蒂蒂尔的话，他听完奶奶的话，似乎明白只要他想念起爷爷奶奶，那么爷爷奶奶就会醒过来，但又不能完全理解奶奶的话。

奶奶点了点头：“瞧，你很明白。”

蒂蒂尔又摇了摇头。

奶奶对爷爷抱怨道：“真奇怪！他们还不明白！他们就不长一点见识？”

爷爷安慰道：“同我们那时候一个样。你想想活着的人谈起阴间的事有多蠢呀！”

米蒂尔在奶奶怀抱里好奇地问：“你们总是睡着的吗？”

爷爷慈爱地看着他：“是呀，我们平时睡得很香，就等着活着的人想念我们，把我们唤醒。虽然生命结束以后，睡着是好事。不过，常常醒过来也很快活。”

蒂蒂尔惊讶地问道：“那么，你们并没有真死？”

爷爷跳起来，险些摔倒：“你说什么？你用的词，我们都听不懂了。这是一个新词，还是一种新东西？”

苹果派起源于欧洲，是欧美人生活中比较常见的一种甜点。主要由苹果、面粉、油、盐、糖等材料加工、烤制而成。苹果派有各式不同的造型、大小和口味。常见的有焦糖苹果派、法国苹果派、面包屑苹果派、酸奶油苹果派等。

蒂蒂尔也很吃惊地问：“是说‘死’这个词吗？就是说不再活着啊！爸爸和我说过死了也就不需要祈祷了。”

奶奶说：“要祈祷的，要祈祷的，祈祷就是思念。是呀，是呀，只要你们常来看看我们，那就什么都好了。蒂蒂尔，你还记得吗？上次我做了好吃的苹果派，你吃得那么多，都吃出病来了。”

“可我从去年起就没吃过苹果派，那年没有苹果。”

“别瞎说了，我们这儿苹果没有断过！

“爷爷，您没有变，一点儿都没有变。”蒂蒂尔看看爷爷，又看看奶奶，“奶奶也一点儿没有变，而且你们现在气色更好了。”

爷爷笑着说：“我们没有再老下去，而你们俩却都长大了！啊！是的，你们俩长结实了！瞧，在门上，还可以看到上次刻下的高度。那天是圣徒节，现在……你站直了。又长了四个指头！长得真快！米蒂尔也长了四个半指头！哈哈！这两个孩子的变化真是不可预料！”

> **对比**
> 爷爷之前刻下蒂蒂尔兄妹的身高高度与现在的身高形成对比，说明兄妹都长高了，同时表现出爷爷为孙子、孙女的成长感到高兴。

蒂蒂尔高兴地环顾四周：“这儿什么都没有变，所有东西都在老地方！不过一切都变得更美了！瞧那口挂钟，那根大针的针头是被我折断的。”

爷爷像是回到了从前：“是呀，你总是要毁这毁那！这棵李树，我不在的时候，你老爱爬上去，摘树上红艳艳的李子。”

蒂蒂尔看着树上：“李子现在长得更好看了！”

米蒂尔像是在寻找些什么似的：“老鸫鸟在这儿！它还唱歌吗？”

这时，鸫鸟醒过来，放声歌唱。

蒂蒂尔惊讶地发现鸫鸟是纯青色的：“它是青色的！我要带回去给仙女的就是这只青鸟！你们以前可没有说起过，你们这儿有只青鸟！噢！它颜色多青呀，多青呀，简直像青色的玻璃球一样！”他恳求爷爷奶奶：“你们肯把它给我吗？”

> **比喻**
> 将青鸟比作青色的玻璃球，生动形象地描绘出鸟的羽毛是青色的，表明了蒂蒂尔见到青鸟时的喜悦之情。

爷爷奶奶看了看彼此，都微笑地点了点头：“当然可以，当然可以。它在这儿没什么用……它老是睡觉，从来听不到它唱歌。”

蒂蒂尔跑到橡树那里，拿回鸟笼，把鸫鸟关在里面：“你们真的把鸟儿给我了？仙女一定会很高兴！”

但爷爷的脸上有了些愁容：“你要知道，这只鸟的性格我可不敢打包票。我担心它过不惯人世间纷扰的生活，会乘着第一阵风回到这儿。总之，以后再说吧。我先带你们去看看这里。”

蒂蒂尔和米蒂尔看着既熟悉又陌生的一切，好奇地问着自己记得的每一样东西的情况：“蜜蜂们过得好吗？我的几个小兄弟在哪里呢？”

爷爷耐心地回答着：“蜜蜂们过得都不坏。虽然照人世间的说法，它们已经不是活的了，但是蜜蜂仍然很勤劳。至于你们的小兄

“蒂蒂尔和米蒂尔看着既熟悉又陌生的一切，好奇地问着自己记得的每一样东西的情况。”

弟，你看，那不是吗？”

说到这儿，七个高矮不一的小孩子，蹦蹦跳跳地从屋里涌出来。

奶奶笑眯眯地看着他们：“出来了，他们出来了！只要有人一想起他们、说到他们，他们就来了，这些爱蹦爱跳的孩子！”

蒂蒂尔和米蒂尔跑上去迎接他们。孩子们乱成一团，又是拥抱、又是跳舞、又是打转、又是发出快乐的叫喊声。他们互相开着玩笑，说着在一起时的那些笑话。

排比

四个“又是”构成排比，表现出蒂蒂尔兄妹与兄弟们见面时那种激动、欢快的心情。排比的手法使得文章节奏更加鲜明。

“嗨，皮埃罗！啊！咱俩还像那时候打了一架。是你，罗贝尔！你好，让！你的陀螺没有了？玛德莱娜、皮艾蕾特、波莉娜，还有丽盖特。”

“波莉娜的鼻子上还是老有个疱！”

……

这时，屋里的挂钟敲了八下。

奶奶惊讶地望着屋子：“怎么回事？”

爷爷耸了耸肩：“说实话，我不知道。大概是挂钟响了吧。”

奶奶摇着头：“这不可能，这钟从来不报时。”

爷爷有些明白了："那是因为我们再也想不到时间。离开了人世之后，有谁会想到时间呢？"

蒂蒂尔问爷爷现在是几点钟，并解释说到仙女让自己和米蒂尔八点三刻一定要回去。

奶奶紧紧拉着米蒂尔的胳膊："你们可不能在吃晚饭的时候说走就走！快点，快把桌子摆到门口。我刚做了美味的白菜汤和李子馅饼。"

大家一起动手，把桌子和椅子搬出来放在门口，又拿出碟子、刀叉、勺子等。

反复

此处运用了反复的表现手法，"我还要一碗！我还要一碗！"两句话重复表达了蒂蒂尔还想再要一碗汤，突出了汤的美味，体现了蒂蒂尔和祖父母在一起的喜悦之情。

蒂蒂尔想了想，又看到米蒂尔恳求的眼神，说："我们已经得到青鸟了，再说好久没吃白菜汤啦！"

奶奶向他们招手："来吧！都做好了，上桌吧！孩子们！既然你们急着要走，就别耽搁时间了。"

奶奶端上来一大锅热气腾腾的汤。所有人都围桌而坐，大家挤挤撞撞，推推搡搡，发出快乐的欢笑声。蒂蒂尔先盛了一大碗汤："汤真好吃！天啊，我好久没喝过这么好喝的汤了。我还要一碗！我还要一碗！"说着，他拿起木勺敲得盆子咚咚响。

爷爷夺过他的木勺，责备道："得了，得了，安静一点！你总是不学好，你要把盆子敲碎了！"

"我还要，我还要吃！"蒂蒂尔从椅子上跳起来，他抓住汤钵，拖向自己。结果一不小心，汤钵被打翻了，汤撒得满桌都是，还流

"结果一不小心，汤钵被打翻了，汤撒得满桌都是，还流到两个孩子的膝上，烫得他们喊叫起来。"

到两个孩子的膝上，烫得他们喊叫起来。

“啪”爷爷给了蒂蒂尔响亮的一记耳光：“给你这个！”

蒂蒂尔没有哭，只是用手掩住面颊。好一会儿，他才好像从悠远的回忆中醒过来一样：“对了，就是这样，你活着的时候，就给过我这样的耳光！爷爷，这耳光打得真好，叫人痛快！！我得亲吻您一下！”

爷爷也被他的样子逗乐了，笑骂道：“好，好！如果这叫你痛快，我还有的是！”

正当大家吃得开心的时候，钟声又响起，已经八点半了。

蒂蒂尔猛地跳起来，扔下木勺，拉着米蒂尔就要走：“八点半了！米蒂尔，再不走就来不及了！”

> **动作、语言描写**
>
> 此处是对蒂蒂尔的动作与语言描写，蒂蒂尔告诉妹妹必须立马离开，同时“跳”“扔”“拉”“走”几个动作，也说明了蒂蒂尔知道仙女要求返回的时间已经到了，充分体现了他焦急的心情。

奶奶不高兴地说：“瞧你着急的！再多待一会儿！家里又没有着火。我们难得见一次面呢！”

蒂蒂尔想了想，摇了摇头说：“不行，不行！我答应过仙女和光。快点，米蒂尔，我们快走！”

蒂蒂尔提起鸟笼，和米蒂尔一起匆匆地同每个人亲吻：“再见，爷爷！再见，奶奶！再见，兄弟姐妹们！我觉得我们俩不能再耽搁了。别哭，奶奶，我们会常常回来的。”

奶奶眼中泛着泪光，不舍地拉着米蒂尔的手：“每天都回来吧！我们只有这么点快乐了。只要你们能想到来看我们，我们就会像过节似的开心！”

爷爷也在旁边叹气：“我们没有别的快乐……”

蒂蒂尔点了点头：“好的，好的！我们尽量多回来几次。”

爷爷把鸟笼递给蒂蒂尔：“给，你们的鸟在这儿呢！不过我可不敢打包票，如果颜色不对……”

蒂蒂尔提着鸟笼，拉着米蒂尔，转身向大家告别：“再见！再见！”

大家都站在房子前面向他们招手：“再见，蒂蒂尔！再见，米蒂尔！记得再来呀！再来呀！”

蒂蒂尔和米蒂尔急匆匆地走回到大橡树下，房子、爷爷奶奶、兄弟姐妹消失在浓雾中。米蒂尔问哥哥应该怎么回去。

“我不知道！”蒂蒂尔瞧着笼中的鸟，忽然声音变了调，“瞧！鸟的颜色不是青的了！变成了黑的！”兄妹俩简直不敢相信自己的眼睛，要知道他们对老鸫鸟可太熟悉了。而现在，这只刚刚还浑身青色的鸟居然变得通体漆黑。难道这一切都是仙女和自己开的玩笑

> **对比**
>
> 此处运用了对比的手法，将从爷爷那儿带来的青色的鸟与变化后黑色的鸟进行对比，体现出蒂蒂尔失望、沮丧的心情。

动作、神态描写

在迷雾中，米蒂尔惊慌失措，于是她紧紧握住哥哥的手，并且四处张望，表现了她内心十分的害怕。

吗？正当兄妹俩沉浸在沮丧的情绪中时，更糟糕的事情发生了：他们此刻已经彻底在迷雾中失去了方向。蒂蒂尔拼命地用手拨开身边的雾，想要将周围的情况看得更清楚。米蒂尔感觉浓雾中有一股寒意袭遍全身，她紧紧地握住哥哥的手，恐惧地四处张望。

这时，迷雾中忽然出现了一道光，照亮了一条蜿蜒的小路。蒂蒂尔一眼就认出这是来时的路，他连忙拉着妹妹沿着这条小路摸索着向光的来源方向走去。也不知道走了多久，蒂蒂尔发现光正在前面和蔼可亲地等着他们。

“青鸟……”蒂蒂尔跑到光的身边，正想告诉她青鸟变黑的事情，却被光一下子打断了。她将两个孩子搂在自己的怀里。温热的气息包裹着兄妹俩，帮他们驱散了迷雾的寒意。不知道为什么，此刻的蒂蒂尔想到的再也不是青鸟，而是在‘思念之土’的爷爷奶奶和兄弟姐妹。

“她将两个孩子搂在自己的怀里。温热的气息包裹着兄妹俩，帮他们驱散了迷雾的寒意。”

我的好词好句

⊙祈祷　惊讶　恳求　沮丧　小心翼翼　推推搡搡

⊙它颜色多青呀，多青呀，简直像青色的玻璃球一样！”

⊙不知道为什么，此刻的蒂蒂尔想到的再也不是青鸟，而是在思念之土的爷爷奶奶和兄弟姐妹。

阅读导航

他们闯入夜宫，在这里看到疾病、恐怖、战争的真身。那么，在这里他们会遭遇什么呢？

第六章

夜宫

在群山环抱中隐约可见一座巍峨的宫殿，颇像希腊神庙的黑色大理石柱，被金子包起来的柱头，沉沉的乌木装饰，都透出一股阴森与诡异。大厅呈梯形，玄武岩的台阶几乎占据了横的一面，分为三个平面，渐次而上，直达最顶端的宝座。左右两侧，分别是巨大的柱子和好几扇幽暗的青铜大门。宫殿里只有隐约的微光，仿佛是从大理石和乌木反射出来的光泽。

渲染

此处运用了渲染的手法，群山环抱的宫殿营造了阴森与诡异的氛围，给人一种惊悚压抑的感觉。

面容艳丽、身穿黑色长裙的夜闭目坐在第二级台阶上。左右各有一个小孩，其中一个近乎裸体，有如小爱神，在酣睡中微笑着；另一个直立不动，从头到脚都蒙着轻纱。

“是谁？”夜的眼睛突然睁开，盯着下面。

颓然倒在大理石台阶上的猫连连拱手：“是我，夜娘娘，我累坏了。”

夜仔细打量着猫，发现她脸色苍白、瘦骨嶙峋，连胡须上都沾满污泥，不由得大吃一惊：“我的孩子，你怎么了？难道又在屋檐下、雨雪里打架了？”

希腊神庙又称巴特农神庙，是希腊祭祀诸神之庙，以祭祀雅典娜为主，始建于公元前447年，坐落在雅典老城区卫城山。神庙的主体为两个大厅，两旁各倚一座有6根多立克圆柱支撑的门厅。

猫把气喘匀了：“同屋檐沾不上边！这和我们的秘密有关！大事不好了！所以我才设法逃出来给您报信，可我担心已经迟了。”

夜皱了皱眉，追问道：“什么迟了？发生了什么事？”

猫神秘兮兮地压低了声音：“我已经告诉过

“面容艳丽、身穿黑色长裙的夜闭目坐在第二级台阶上。左右各有一个小孩，其中一个近乎裸体，有如小爱神，在酣睡中微笑着；另一个直立不动，从头到脚都蒙着轻纱。”

感叹句

当夜得知蒂蒂尔没有获得青鸟这一事实后，发出感叹表示非常不解。

您，就是那个樵夫的儿子小蒂蒂尔和那颗魔钻。现在他要到这儿来问您要青鸟。”

“他还没有获得青鸟呀！”夜不解地说。

猫点了点头：“要不是我们显现神通，他早已经拿到了。事情是这样的：光给他做向导，把我们都出卖了，因为光已经完全站到人那一边。光刚刚知道，许多梦幻的青鸟靠月光生活，并且一见太阳就要死去。而那只独一无二的青鸟是见了日光也能活着的，那只青鸟就藏在这儿，混杂于其他青鸟之间。光明白她被禁止踏入您宫殿的门槛，可是她怂恿那些孩子到这儿来。您又不能阻止人打开您的秘密之门，我真不知道这事儿怎么了结。不管怎样，要是发生了不幸，他们真的拿到了青鸟，我们就只有灭亡了。”

夜无奈地叹了口气：“眼下是什么年头呀！我没有一刻过得安宁。近几年我对人也越来越陌生，人究竟要走到哪一步？他们什么都得知道吗？人已经夺走了我三分之一的秘密，我所有那些恐怖都害怕了，再也不敢出门了；我的那些幽灵四散奔逃；我的那些疾病也经常不安。”

猫附和道：“夜娘娘，我明白眼下的年头很艰难，这世间只有我们在同人做斗争。但我似乎已经听见孩子们走近了，我看只有一个办法：这两个毕竟都只是孩子，吓唬一下他们就不敢坚持，也不敢打开后面这扇大门，那样他们就找不到青鸟。其他岩洞的秘密则可以转移他们的注意力，或者把他们吓跑。”

夜听到了外面的声响：“我听到什么啦？他们来了好几个？”

设置悬念　夜听到了什么？他们是谁呢？来了多少人呢？几个疑问句引起了读者的好奇心，使故事情节更加跌宕起伏。

“面包和糖是我们的朋友，不要紧的。水身上不舒服，火是光的亲戚，因此都没有来。只有狗不是我们的人。”猫向夜介绍完，便向蒂蒂尔一行人迎过去。

“打这儿走，打这儿走，我的小主人。我已经先通报过夜了，她很高兴能接待你们。不过要谅解她，她有点儿不舒服，所以不能出来迎候你们。”

原来蒂蒂尔和米蒂尔从“思念之土”回来之后，就一直茶饭不思，一个劲儿地问仙女什么时候可以再见到自己的爷爷奶奶。光苦口婆心地告诉兄妹俩天天想念着对方，和天天见到对方其实没两样。仙女见他们拿回来的青鸟已经变了颜色，也并没有责怪，反而是蒂蒂尔觉得不好意思，主动提出一定要把真正的青鸟带回来。于是，仙女又吩咐蒂蒂尔带着米蒂尔、面包、糖和狗一起去夜宫寻找青鸟。由于光与夜是不能见面的，所以光不能陪他们去夜宫。临走前，光语重心长地嘱咐蒂蒂尔一定不要在夜宫捣乱。

当蒂蒂尔一行人怯生生地踏上夜宫的台阶时，他们不禁为这里威严并且有些阴冷的气氛所震慑。人类的祖先曾经认为夜晚就是因为一个怪兽吞了太阳，所以才让黑暗在大地横行。因此这么多年过去了，夜晚总被人与神秘、幽静、黑暗联系起来。

补叙　此处运用了补叙，补充交代了人类祖先不能科学地解释自然现象，于是便认为夜晚的来临与怪兽吞没太阳有关。此处的补叙对人类在夜晚会感到害怕做了解释，使文章结构更加完整。

蒂蒂尔鞠躬向夜问好：“夜夫人，白天好。”

“白天好？我可听不惯这个！”夜明显被这句话惹得不高兴，“你应该对我说：晚上好。至少要说：黄昏好。”

蒂蒂尔小声地道歉：“对不起，夫人。是我失礼了。这是您的孩子吗？他们真可爱……”

夜得意地笑了笑：“是挺可爱的，这是睡眠。”

蒂蒂尔好奇地问：“睡眠怎么这么胖？那个干吗要戴面纱呢？他叫什么名字啊？”

夜回答道：“因为他睡得好。那个是睡眠的姐妹，最好还是不说出她的名字，因为这个名字人人都不爱听。我们还是说点别的事情吧。猫刚才告诉我，你们到这儿来，是要寻找青鸟？”

蒂蒂尔点点头，用恳切的语气问道：“是的，夫人。您肯让我们找吗？您能告诉我青鸟在哪儿吗？”

语言描写

此处是对夜的语言描写，这段话揭示了夜的特殊身份：她守护着大自然的所有秘密。夜声称绝不会交出钥匙，由此可见，夜有着强烈的责任感和使命感。

夜微微地摇了摇头说：“真抱歉，我的小朋友，我对此一无所知。我所能断定的，就是青鸟不在这儿，因为我从来没有看见过。”

蒂蒂尔有点着急，争辩道：“在这儿，一定在这儿。光都告诉我了，青鸟在这儿。光不会瞎说的，您肯把钥匙交给我吗？”

夜对他总是提到光有些生气：“我的小朋友，你要明白，我不能把钥匙这样随便交给别人。我守护着大自然的一切秘密，因此我也受到约束，我绝对不能把这些秘密泄露给任何人，更不用说泄露给一个孩子。”

“可是光告诉我，要是有人要求知道这些秘密，你没有权利拒绝他。”

“好吧！这把钥匙能打开所有的门。但如果你要遇到不幸那便是活该，我可不负任何责任。”

“又是光！总是光！她怎么样样都管？她难道不知道这样做的后果很严重吗？”夜又被惹恼了。接着，她话锋一转，“至少你有个字据吧？字据在哪儿？”

上图为万圣节的幽灵

西方传说的幽灵，是去世之人的灵魂再现。

蒂蒂尔用手指指戳着自己的帽子：“您瞧，就是这钻石。”

夜知道这钻石是仙女的宝物，知道用它可以看到万物的灵魂，她只好无可奈何地拿出一把钥匙说：“好吧！这把钥匙能打开所有的门。但如果你要是遇到不幸那便是活该，我可不负任何责任。”

大肚子的面包胆怯地问了一句：“有危险吗？”

“危险？”夜轻蔑地笑了笑，“这样说吧：有的铜门打开就是深渊，连我自己也望而却步。自从世界诞生以来，凡是成为人生祸患的一切罪恶，一切灾害，一切疾病，一切恐怖，一切磨难，一切秘密，全部都藏在这个殿堂四周的玄武岩石洞里。我依靠命运的帮助，才好不容易把他们统统都关在里面。不瞒你说，我在这些无法无天的家伙当中能维持一点秩序，实在不容易呀。要是有一个逃脱出来，出现在人间，会发生什么事，大家都是知道的。所以，我奉劝你们还是不要冒险了。”

排比

六个“一切”连用，强调罪恶、灾害、疾病等全部都藏在夜宫四周的玄武岩石洞里面，突出了这里的危险性，增强了文章的气势。

谁知夜的话并没有吓到面包，他腆起肚子说道：“我活了这么大岁数，什么大风大浪没有见过啊！如果有危险，我自然会保护这两个孩子。夜夫人，请允许我再提一个问题。”

夜很好奇这个家伙儿想知道些什么，抬抬手示意他继续。

面包一改刚才的镇定，慌张地挤出一句：“如果遇到危险，该从哪儿逃呢？”

“无处可逃。”夜冷冷地回答。

蒂蒂尔接过钥匙，转身对着一扇青铜门说：“我们从这儿开始吧。这扇铜门里面有些什么？”

夜摇着头说：“我想是些幽灵吧。我好久没有打开了，幽灵也好久没有出来过。”

蒂蒂尔把钥匙插入锁孔前，不忘向面包确认他是否拿着装青鸟的笼子。面包吓得牙齿咯咯作响：“我并不是害怕，不过，您在开门前，不是应该先从锁孔里瞧瞧，这样更保险，不是吗？”

突然，米蒂尔被这紧张的气氛吓得哭了起来：“我害怕！糖在哪儿？我要回家！”

对比

当蒂蒂尔准备把钥匙插入关着幽灵那扇门的锁孔时，一旁的面包吓得牙齿咯咯作响，米蒂尔更是哭了起来。他们的恐慌与蒂蒂尔的淡定自若形成鲜明对比，体现了蒂蒂尔的勇敢。

糖殷勤地拉住米蒂尔的手，安慰道：“小姐，我在这儿。您别

“蒂蒂尔转动钥匙，小心翼翼地把门打开了一条缝，立即就跑出五六个奇形怪状、怪模怪样的幽灵。”

哭，我这就掰下一个指头，给您尝尝麦芽糖，让甜甜的味道给您定定神。”

蒂蒂尔转动钥匙，小心翼翼地把门打开了一条缝，立即就跑出五六个奇形怪状、怪模怪样的幽灵。面包吓得扔下鸟笼，赶紧躲到殿堂的角落。夜见势不妙，一面追赶幽灵，用蛇形的鞭子把他们赶回牢门，一面对蒂蒂尔嚷着。

“快，快！快把门关上！如果他们都跑出来，我们就没有办法抓回去了！自从人不再把幽灵当成一回事，他们在里面就憋得慌。”

岩洞又称溶洞，是由于天然水流经可溶性岩石（如石灰岩、白云岩等）与它们发生化学反应而使岩石溶解所形成的地下空间。

夜揪住三个幽灵的衣领，对蒂蒂尔喊道：“快把门打开一点儿。”说着，她将幽灵推进了岩洞里面，“你们不是不知道，要到万圣节才能放他们出来。”

夜关上门，松了口气。

蒂蒂尔走向另一扇门：“这扇门里面有些什么？”

夜对蒂蒂尔刚才鲁莽的行为很生气：“你们不要在这里浪费时间了！我已经对你说过了，青鸟从来没到过这儿！不过，随你的便，你想开就开吧。这里面是疾病。”

蒂蒂尔小心翼翼地把钥匙插入锁孔："开门时要小心提防吗？"

"不，用不着，疾病非常安静。这些可怜的小东西，她们并不幸运。古时候，她们与人尚能在自然中和平共处。但随着人的科技越来越高明，人便开始向疾病宣战，妄图消灭每一个病菌，创造一个毫无病菌的世界！特别是发现了微生物以后，她们能用来躲藏人类围剿的地方就越来越少了。打开门你就会看到……"夜站在他的身后，注视着眼前的一切。

门开了，什么也没有出现。

蒂蒂尔好奇疾病怎么不出来，便壮起胆子走进岩洞，但马上便退了出来。

"青鸟不在里边。您的疾病都是病病歪歪的，连头都抬不起来。"他的话音刚落，一个小不点的疾病——穿着拖鞋、睡衣，戴着睡帽，便从岩洞里跑出来，在大殿开始手舞足蹈起来。

动作、语言描写

开第二扇门时，蒂蒂尔十分小心谨慎，并向夜询问是否需要提防，此处的动作描写以及语言描写，表明他是个认真谨慎的人。

省略号

省略号表明夜的话并没说完，给人以遐想的空间：会出现什么呢？引起读者阅读的兴趣。

"他的话音刚落，一个小不点的疾病——穿着拖鞋、睡衣，戴着睡帽，便从岩洞里跑出来，在大殿开始手舞足蹈起来。"

米蒂尔十分好奇："快看，有个小不点溜出来了。他是谁啊？"

夜把小家伙儿招呼到自己身边："也没什么要紧的，这是最小的一个，名叫感冒。她受到的迫害最少，因此身体最好。小家伙，回去吧。现在还太早，要等到春天你才可以出来。"

感冒打着喷嚏，擤着鼻涕，回到岩洞，蒂蒂尔随即把门关上。

蒂蒂尔又走向旁边的一扇门："看看这扇门吧！这里面是什么？

"小心！里面是战争。以前他们并不可怕，顶多就是拿着石块、木棍相互争斗。但人类并不满足，他们发明了各种各样更容易杀死对方的武器，现如今战争已经变得空前可怕和威力强大。要是逃出来一个，天知道会发生什么事！但好在她们十分臃肿和迟钝。你向岩洞里快速瞥上一眼，我们都准备好，一起把门推上。"

蒂蒂尔万分小心，只打开了一条缝，刚够他往里瞧。但他立即靠在门上叫起来：

> **设置悬念**
> 此处设置了悬念，蒂蒂尔为何会"随即靠在门上叫起来"呢？他到底看到了什么？给读者留下想象的空间，吸引读者的阅读兴趣。

"快，快！用力推！她们瞧见我了！统统都涌了过来！要把门撞开！"

夜招呼着大家："快点来帮忙啊！用力推门！喂，面包，您在干吗？大家都来推！她们真有力气！啊！瞧！行了！她们推不过了。刚好关上！你看见了吧？"

蒂蒂尔有些后怕地说："看见了，看见了！一个个那么庞大，那么可怕！我想她们不会有青鸟。"

夜不高兴地打断："当然没有。她们会马上把青鸟吃了！那么，你看够了吧？你瞧，没有什么可看的了。"

蒂蒂尔坚持说道："光让我所有的地方都得看看。我们去开下一扇门吧，里面是什么呢？"

> **语言描写**
> 此处是对蒂蒂尔的语言描写，在看到幽灵疾病、战争之后，蒂蒂尔仍然坚持要开启下一扇门，体现了他勇敢、坚毅、执着的品质。

"这里面我关着黑暗和恐怖。她们都很安静，像疾病一样。"夜指着青铜门说。

蒂蒂尔有点儿不信，打开一条缝，往里瞧了瞧："她们不在里面啊！"

夜也往里瞧了瞧说："喂，黑暗，你们在干吗？出来一会儿，对你们会有好处的，可以活动一下筋骨。恐怖也出来吧。没有什么可害怕的。"

黑暗与恐怖出来了。她们居然都是妇人打扮，前面几个戴着黑面纱，后面几个戴着浅绿色面纱，迟疑不快地走出岩洞。但一见蒂蒂尔做了个手势，便赶忙缩了回去。

“黑暗与恐怖出来了。她们居然都是妇人打扮，前面几个戴着黑面纱，后面几个戴着浅绿色面纱，迟疑不决地走出岩洞。但一见蒂蒂尔做了个手势，便赶忙缩了回去。”

“她们变得胆小极了，除了那几个长得高高大大的，你瞧就在最里面。”夜安抚着她们，又对蒂蒂尔说，“她们都上了锁链，只有这几个不怕人。把门关上吧，免得她们发火。”

蒂蒂尔走向下一扇门：“瞧！这一扇门更加阴森森，里面是什么呢？”

夜说：“里面关着神秘。如果你一定要看，也可以打开，不过别进去，千万小心。我们也得准备好推门，就像刚才对付战争那样。”

蒂蒂尔非常小心地把门打开一点，慎重地把头伸进门去：“噢！真冷！我的眼睛都冻痛了！快关门！用力推！他们也在推！噢！我看见了！”

> **烘托**
> 此处通过描写蒂蒂尔打开门后的一系列强烈反应，侧面烘托了门里面关着的神秘的恐怖，给读者如临其境之感。

米蒂尔问：“看见什么呢？”

蒂蒂尔心有余悸地回答：“说不出来是什么，这真可怕！他们像无眼怪物一样坐在那儿。想抓住我的那个巨人叫什么？”

夜想了想，说：“那大概是沉默，他看守这扇门。这看来很可怕吧？你的脸色现在还是惨白惨白的，并且浑身发抖，你继续看下去只会更糟糕。"

蒂蒂尔走向下一扇门："这一扇呢？里面一样可怕吗？"

"不，这里面是些杂七杂八的东西。我放了用不上的星星；我自备的芬芳；归我所属的几种光亮，如：磷火、白萤火虫、黄萤火虫，还关着露水、夜莺之歌等。"

蒂蒂尔兴奋地说："大概就是这扇门了。"

蒂蒂尔把门打开，随即便看到各种夜间的奇景。星星穿着美丽的少女服装，她们的面纱发出五颜六色的闪光，身上忽明忽暗。她们一奔出牢笼就占据了大殿，在台阶上，在柱子旁，围成一个个好看的圆圈。隐约难辨的夜的芬芳、磷火、萤火虫、通体透明的露水同星星汇合，而夜莺之歌也像潮水般涌出岩洞，遍布夜宫。

比喻

作者将夜莺的歌声比作涌出岩洞的潮水，生动形象地突出了夜莺的鸣唱非常出众，音域广阔。

大家都高兴地拍起手来，米蒂尔指着她们问夜："那些隐隐约约的是谁？那边穿着玻璃丝的又是谁呢？"

"那是森林和平原上的露水。不过这已经够了。他们一跳上了舞，就更不容易把他们赶回去。"夜拍着手说道，"得了，星星，快点！现在不是跳舞的时候。快点，大家都回去，要不然我去找一缕太阳光来。"

萤火虫属鞘翅目萤科，是一种小型甲虫，因为它的尾部带有专门的发光细胞，能发出萤光，所以名叫萤火虫。萤火虫在全世界约有2000种，分布于热带、亚热带和温带地区，栖息于潮湿温暖、草木繁盛的地方。

星星、芬芳等慌忙奔逃，进入岩洞，门随即关上。夜莺之歌也销声匿迹。

之后蒂蒂尔走向夜的宝座后面的那扇青铜大门，正要打开它，夜神色凝重地阻止他："别开这扇门！"

"星星穿着美丽的少女服装，她们的面纱发出五颜六色的闪光，身上忽明忽暗。她们一奔出牢笼就占据了大殿。"

夜的态度让蒂蒂尔更加确信了青鸟正是藏在这里面。

夜温柔地劝说蒂蒂尔："我的孩子，你听我说。我一直对你很和蔼，我为你所做的事还从来没对别人做过，我给你透露了我所有的秘密。我非常喜欢你，我可怜你年幼、天真，我像母亲一样对你说话。你听我说，我的孩子，相信我的话，放弃你的念头，别再往前闯了，别去碰运气了，不要打开这扇门。"

蒂蒂尔有点动摇了，问："可是究竟为什么？"

夜郑重地说："因为我不愿意叫你送命。你听着，因为凡是打开这扇门的人，哪怕只打开头发丝那么宽的一条缝，一到日出，从没有幸存的。没有人敢给这个深渊取一个名字，因为人的目光一接触到它发出的威胁，就会看见一切可以想象的恐怖；人间的一切可怕事物，所有美好的东西都将会被毁灭。因此，如果你不顾一切，坚持要打开这扇门，那么我请你等一下，让我躲进那没有窗户的塔里去。现在你该明白了吧，你该考虑一下了。"

大家听了夜的话，都害怕起来。米蒂尔吓得又哭又叫，想把蒂蒂尔拖走。面包直接跪下了，央求着蒂蒂尔不要开门。猫也劝他不要拿大家的生命当儿戏。

> **对比**
> 夜告诉大家打开眼前这扇门的话，所有美好的事物都将毁灭。这时，米蒂尔吓得哭叫起来，面包直接跪下，他们在危险面前表现出的恐惧、退缩与蒂蒂尔的勇敢、坚持形成鲜明对比，使得蒂蒂尔这一小勇士形象更加深入人心。

蒂蒂尔却不顾大家的反对，坚持要开这扇门。

夜只好说："大家逃命吧！快走！现在还来得及！"说着，她便溜走了。

面包、糖和猫拉着米蒂尔躲在大殿另一头的列柱后面。只剩下蒂蒂尔同狗站在大门旁边。

狗为了掩盖自己的恐惧，用力地大喘气、打嗝："我留下，我不怕！我留下！我要待在小神仙的身边。我留下！"

蒂蒂尔抚摸着狗，说："很好！蒂洛，很好！不过，现在我们得小心了！"

他把钥匙插入锁孔时，那些逃跑者躲藏的那一头随即发出了一声惊叫。当钥匙刚插入锁孔，那两扇高门板便打开了，并徐徐向两旁滑行，最后隐入墙内。然后却突然出现一座充满闪光的梦幻般的夜间花园，虚无缥缈，无边无际，难以形容，意料不及。仙境中成群的青鸟出没于星星之间，所触之物都被照亮，它们不停地穿梭于闪烁的宝石和月光之中，持续地、和谐地交相辉映，直至天际。青鸟多得不可胜数，仿佛就是气息、空气、仙境花园本身。

蒂蒂尔看得目眩神迷，呆站在映照花园的亮光之中。好一会儿，他才想起来招呼同伴："你们快来！青鸟在这儿！是青鸟！是

“仙境中成群的青鸟出没于星星之间，所触之物都被照亮，它们不停地穿梭于闪烁的宝石和月光之中，持续地、和谐地交相辉映，直至天际。”

语言描写与反复

当蒂蒂尔看到众多青鸟时，他招呼同伴，不断地重复“是青鸟！”这句话，体现了蒂蒂尔当时的喜悦之情。

青鸟！是青鸟！我们终于找到青鸟了！几千只青鸟！几百万只！几十亿只！青鸟太多了！米蒂尔，快来呀！蒂洛，快来呀！大家快来呀！来帮帮我！青鸟并不凶！也不怕我们！”

除了夜和猫，米蒂尔和其他人都跑过来了，走进这个光彩夺目的花园。他们也都被眼前的一切惊呆了。蒂蒂尔一边抓，一边喊道：“你们瞧呀！青鸟太多了！都飞到我的手里来！你们瞧呀，青鸟吃的是月光！你们快抓啊！轻一点儿，别伤着它们。”

感叹号与省略号

众多青鸟的出现令蒂蒂尔喜出望外，感叹号与省略号连用，表明激动的心情使得他的话变得断断续续，他不住地感叹鸟的数量之多。

米蒂尔的身上落满了青鸟：“我已经抓住了七只！咦！青鸟要拍打翅膀！我抓不住了！”

蒂蒂尔也叫着：“我也抓不住！我手里太多了！……青鸟飞跑了！……又飞回来了！……蒂洛也抓住青鸟了！青鸟要把我带走！……载到天上去！……来呀，我们从这儿出去！……光等着我们！”

他俩逃出花园，双手都是扑扇着的鸟儿，它们的蓝翅膀发狂地扇动着。面包和糖紧跟在后，但他们没有捉鸟。而夜和猫则一起登上最高台阶，忧郁地望着花园。

夜满面愁容：“他俩抓到青鸟了吗？”

猫叹了口气，说道：“没有。我看到青鸟在那片月光上面，他俩够不到，青鸟所在的地方太高了。”

蒂蒂尔、米蒂尔和狗跑出了夜宫，两手都是刚抓到的鸟儿。可是，他们都没有注意到鸟儿这时已经一动不动了，头耷拉、晃荡着，翅膀也折断了，仅仅是一堆毫无生命的猎获物。

在宫殿外守候的光焦急地询问道："怎么样，你们抓到青鸟了吗？"

"抓到了，抓到了！随便你抓。有好几千只呢！在这儿！你看看！"蒂蒂尔兴奋地说着，忽然，他看到自己递给光的鸟儿已经死了。"怎么！鸟儿死了，谁弄死的？"

"米蒂尔，你的也死了吗？蒂洛的也死了吗？"蒂蒂尔赶忙去查看妹妹和狗手中的鸟，发现它们也都死了。他气恼地把死鸟扔到地上："这是谁搞的恶作剧！谁弄死了鸟儿？我太倒霉了！"

他抱着脑袋无声地抽咽着，米蒂尔也被哥哥吓得大哭起来。

光温柔地搂着他们，安慰道："别哭了，我的孩子。你并没有抓住那只在白天也能活的青鸟，那只鸟已经飞到别的地方去了。但我们以后会抓到的。"

动作、语言描写

此处是对光的动作和语言描写，在蒂蒂尔兄妹又一次遭受失败的打击时，光像母亲一样拥抱、安慰他们，体现了光的善良与慈爱。

"他俩逃出花园，双手都是扑扇着的鸟儿，它们的蓝翅膀发狂地扇动着。面包和糖紧跟在后，但他们没有捉鸟。"

阅读导航

虽然一再遭遇失败，但是蒂蒂尔兄妹二人寻找青鸟的决心却从未动摇。他们来到了奇异的森林，在那里，他们会如愿找到青鸟吗？

第七章
奇异的森林

拟人

作者将森林、月光人格化，森林在沉睡，皎洁的月光洒在老树身上，像是为它们盖上了毯子，体现了月光的轻柔，烘托出夜晚的静谧。

漆黑的夜幕下，整座森林都在沉睡。月光轻轻地洒在各种各样的老树身上，像是为他们盖上了一层厚厚的毯子，隔绝了白天的喧嚣。橡树、山毛榉、榆树、白杨、枞树、柏树、菩提树、栗树沉稳的呼吸声随着风传到了很远的地方，偶尔的蛙鸣仍不能打破这静谧的夜晚。

“向各位致意！”

一声尖利的问候惊醒了森林，原来是从夜宫赶来的猫。在得知蒂蒂尔等人找到的不是真正的青鸟之后，猫打听到他们的下一站是奇异森林，便提前一步来说服老树们阻止他们的计划。

“向你致意！”树叶沙沙作响，橡树、山毛榉、榆树、白杨、枞树、柏树、菩提树、栗树都睁开了眼睛。

橡树又称栎树或柞树，是壳斗科植物的泛称。橡子是松鼠等动物的食品；橡木是上好的木料；橡树还是世界上最大的开花植物。橡树的寿命极长，有达万年之久的，所以橡树的灵魂以老人的形象出现。

猫给各位老树鞠了一个躬，大声说：“今天是个重大的日子！我们的仇敌要来释放你们的能量和灵魂，并且由他掌管。他叫蒂蒂尔，是那个叫你们受够了苦的樵夫的儿子。这小子要寻找青鸟，就是你们自从开天辟地以来便对人隐藏的那只鸟，而且这只青鸟知道我们的秘密。”

“他怎么能释放我们的能量和灵魂呢？”白杨树叶的沙沙声从很高的地方传来。

“他有一颗钻石，能把我们的灵魂暂时释放出来。他能强迫我们交出青鸟，到时候我们就得受人摆布了。”猫转向橡树，“青鸟是不是一直在您身上？”

橡树叶发出沙沙声。

“您说什么？对，如今没有犹豫的余地，必须利用这个机会把他干掉。他同妹妹一起来，有狗陪伴着他俩。还有火、糖、水、面包，他们都是我们的人，但除了面包，他很靠不住。只有光全站在人一边，不过光不会来。因为我哄那两个孩子，让他们等光睡着的时候偷偷跑出来。因此，机会只有一次。”

各位老树的树叶发出的声更大了，他们在讨论着猫的话。但森林并不只是树的，还是各种动物的，所以在下决定之前要事先通知动物们来一同商量。老树们推举山毛榉来回答猫的请求，他们让兔子打鼓唤醒睡梦中的动物们。只有双方的意见达成一致了，他们才可以采取行动。

兔子的鼓声尚未远去，蒂蒂尔一行人却已经走进了森林。原来在夜宫中碰壁的蒂蒂尔央求光告诉自己哪里能找到可以在白天存活的青鸟，光便指引他们来这片奇异的森林。青鸟是动物，因此自然会和其他动物生活在一起，而这座森林中就隐藏着各种各样的奇珍异兽。蒂蒂尔等人走到一处空旷的地方，四处张望着，问道：“是在这儿吗？”

解释说明

此处是对为什么蒂蒂尔会来到奇异的森林的解释说明，为下文的情节发展做铺垫。

猫从大树的阴影中闪出来，殷勤地跑过去迎接孩子们：“啊！您来了，我的小主人！今天晚上您真漂亮！我比您先到了一步，向森林万物宣布您要到这儿来。这一回我们一定会得着青鸟了。我刚派兔子去打鼓，把当地的动物都召集起来，现在您可以听到他们踩踏落叶的声音了。您再听一听！他们有点儿胆怯，不敢走过来。”

猫正眉飞色舞地说着，忽然看到狗正站在蒂蒂尔的身后，不禁眉头一皱：“您干吗要把狗带来？我早对您说过，狗同所有的人，甚至同树木都要闹别扭。我真担心他在这里惹人讨厌，把什么都弄糟了。”

“我摆脱不了他。”蒂蒂尔转身看了看狗，有些凶狠地对他说，“走开，别在这碍事！”

狗可怜兮兮地垂着头，略带谄媚地说：“我一句话也不说。我远远跟着，别人看不见我。你要我耍个把戏吗？”

神态、语言描写

此处是对狗的神态描写与语言描写，狗“可怜兮兮地垂着头”，并对主人说着有些谄媚的话，形象地体现出狗对主人的忠诚。

猫仍在旁边煽风点火：“主人，您能容忍他这样的不听话吗？给他的鼻子几棍子！真是叫人忍无可忍！”

蒂蒂尔听后，重重地打了狗一下：“叫你快点学学服从得快些！否则，就快快走开吧！”

“不，不，我要他留下！他不在我什么都害怕。”一直没说话的米蒂尔忽然抱住了狗。

狗激动地说："噢！好心的小姑娘！你多漂亮，你多善良！你多和气！我得拥抱你，吻你，再吻一下，再吻一下！"

猫眼看没法把狗赶走，只好催促着蒂蒂尔说："多傻呀！我们等会儿瞧吧！别浪费时间了！快转动钻石！"

蒂蒂尔："我该站在哪儿？"

猫指着月光下的一块空地说："站在这片月光里，您可以看得更清楚。就在这儿！轻轻转一下。"

举例

此处列举了榆树、菩提树等树木灵魂的各自特点，具体形象地说明了不同种类树的灵魂也迥然不同，为后文故事发展做铺垫。

蒂蒂尔轻轻转动钻石，四周立刻响起了一阵树枝和树叶的颤动声。最粗壮的古树干从中裂开，让包裹在里面的灵魂走了出来。可以看到，这些灵魂同他们的外表特性一样——各不相同。榆树的灵魂是一个大腹便便的侏儒，性情暴躁；菩提树的灵魂和善、亲切、快活；山毛榉的灵魂高雅、灵活；桦树的灵魂白皙、矜持、唯唯诺诺；柳树的灵魂瘦弱、长发飘飘、凄楚动人；枞树的灵魂修长瘦削、沉默寡言；柏树的灵魂神情悲怆；栗树的灵魂自命不凡、衣着华贵；白杨树的灵魂天真烂漫、叽叽喳喳。有的灵魂从树身徐步而出，手脚僵硬，仿佛经过长年幽禁或百年沉睡，要伸伸懒腰。有的灵魂则轻快急速地蹦跳而出。所有灵魂都环绕在两个孩子的周围，而又尽可能靠近自身那棵树。

语言描写

此处是对白杨的语言描写，它高喊："是人！是人啊！可以同他们说话了！沉默结束了！"表现了白杨的急性子，同时体现出它见到人类后的喜悦心情。

性急的白杨第一个跑出来，高声喊着："是人！是人啊！可以同他们说话了！沉默结束了！他们是谁？他们从哪里来？菩提树老爹，您认识他俩吗？"

菩提树慢慢地走过来，抽了一口烟斗，才悠悠地回答："我想不起是否见过他俩。"

白杨可不相信菩提树的话，因为他认为菩提树总是在人的屋子四周散步，所以一定见过这两个小人儿。

山毛榉属山毛榉目山毛榉科的一种植物。山毛榉的果实是一些小型哺乳动物的食物。山毛榉树形体高大，枝条，树冠呈圆头状，树皮平滑而坚硬，所以说山毛榉的灵魂高雅灵活。

菩提树仔细地端详着孩子们，摇着头说："没有见过，我不认识他俩。他俩年纪还小，我只认得在月光下来看我的情人，或者在我的树枝下干杯的酒鬼。"

一旁的栗树戴上单片眼镜，冷冷地说道："这是什么人？看起来像是乡下的穷人。"

柳树唉声叹气地地说道："我的上帝，我的上帝！他们又要砍掉我的头和胳膊去当柴烧了！"

白杨受不了柳树的长吁短叹，直接打断了他："别说了！瞧，橡树从他的宫殿里出来了！今天晚上他好像很悲伤，你们不觉得他变老了吗？他有多大年纪了！枞树说他有四千岁。注意，他要对我们说什么了。”

橡树缓步向众人走来。他就像传说故事中所介绍的那样老态龙钟，头戴槲寄生，身穿苔藓镶边的绿长袍，白胡须迎风飘拂。他是盲人，因此他一只手拄着根虬结的拐棍，另一只手扶着一个年轻的小橡树——那是他的引路人。青鸟栖息在他的肩上。当他走近时，排列整齐的各种树都自动退到两边，向他鞠躬致意。

蒂蒂尔一眼就看到了橡树肩头的青鸟：“青鸟在他身上！快！快！这边走！把鸟给我！”

群树有点生气，不悦地对蒂蒂尔说：“安静点！没有礼貌的人！”

猫戳了戳蒂蒂尔：“快把帽子脱了，这是橡树！”

橡树走到蒂蒂尔的身前，微微弯下腰，问道：“你是谁？”

蒂蒂尔回答：“我是蒂蒂尔，先生！”

橡树的声音威严而沉重：“你的父亲带给我们无尽的痛苦。单是我一家，他就弄死我六百个儿子，四百七十五个叔伯姑姑，一千二百个堂表兄弟姐妹，三百八十个媳妇，一万二千个曾孙！”

蒂蒂尔这才想起自己的父亲以伐木为生，应该已经得罪了整座森林的树木，不禁有些后怕地往后退了两步：“我不知道这些事，先生。我的父亲是为了养活我们全家才去砍树的，他不是故意要伤害你们的！”

橡树又问道：“那么你现在为什么要到这儿来？你为什么让我们的灵魂都走出住屋？”

蒂蒂尔鼓起勇气回答道：“先生，请原谅我打扰了您。是猫告诉我您要对我们说出青鸟在哪儿。”

“是呀，我知道你在寻找青鸟。就是说，你在寻找一切事物的幸福，好让人类使我们的奴隶地位变得更加难熬。”橡树的话顿时让四周的树议论纷纷。

蒂蒂尔连忙解释：“不是这样的，先生，我们是为了贝丽吕娜仙女的小姑娘才来寻找青鸟的，她病得很重。”

“够了！”橡树没有让蒂蒂尔把话说完，“我没有听到动物们的声音！他们在哪儿？这件事既关系到我们，也同样关系到他们。不该只由我们独自承担这么重大的责任！如果有朝一日人类知道了我们所有的秘密，那就要下毒手的。我们应该取得一致的意见，免得以后互相埋怨。”

设置悬念

近四千岁的橡树从宫殿走出来了，众树都住了口，他会对大家说什么呢？此处设置了悬念，吸引读者的阅读兴趣。

列数字

橡树用列数字的方式详尽地控诉了蒂蒂尔父亲对橡树家族所犯下的罪行，这些数字说明了人类的砍伐对树木造成了极大的伤害，表现了橡树对蒂蒂尔父亲的痛恨之情。

枞树又名冷杉，常绿乔木，因为枞树树干端正，枝条轮生，又生长于寒冷气候中的山地棕壤里，所以说枞树的灵魂修长瘦削，沉默寡言。

个子最高的枞树越过群树的头顶遥遥地望向远处的尘土。森林中的动物们都来了。他们跟在兔子后面。有马的灵魂，公牛的灵魂，阉牛的灵魂，母牛的灵魂，狼的灵魂，绵羊的灵魂，猪的灵魂，公鸡的灵魂，山羊的灵魂，驴的灵魂和熊的灵魂……

省略

此处属于列举的省略，作者意在说明森林里动物们的灵魂都赶来了，无一例外，达到言有尽而意无穷的效果。

老树们为动物们的灵魂让开了一条路，让他们可以穿过重重的树群，来到橡树的身边。动物们在群树中间的空地坐下，只有山羊的灵魂在走来走去、猪的灵魂在寻找草根。

橡树询问负责召集动物的兔子：“大家都到齐了吗？”

兔子向他鞠躬致意：“母鸡不能丢下她的蛋；野兔要奔跑；鹿的角犯痛；狐狸身子不舒服，这是医生的证明；鹅怎么说也不明白；火鸡很发火了……”

橡树叹了口气，说道：“这样弃权实在令人遗憾。不过，我们已够法定人数。我的兄弟们，你们知道我们要商量什么事。就是这个孩子，他从大地那儿偷到一道符咒，靠它能夺走我们的青鸟，我们从生命起源之日便保守至今的秘密就会这样被夺去。我们很熟悉人类，不用说，只要人类拥有了这个秘密，等待着我们的命运是可想而知的。因此我以为一切的犹豫既很愚蠢，也是犯罪。现在是紧要关头，我们必须尽快杀死这个孩子。”

“青鸟栖息在他的肩上。当他走近时，排列整齐的各种树都自动退到两边，向他鞠躬致意。”

“常春藤把狗绑到橡树后面的树根，并把他捆结实了。”

蒂蒂尔一下子没反应过来：“他在说什么？”

狗绕着橡树打转，向他龇牙咧嘴地狂叫：“你这个老不死的，你看见我的牙齿了吗？”

老树和动物们听见狗侮辱橡树，顿时群情激奋，要求把这个叛徒赶出森林。

猫挡在蒂蒂尔的面前，低声说：“快把狗赶远一点，这是一个误会。让我来和他们说，我会把事儿安排好。不过要尽快把狗赶到一边去。”

蒂蒂尔有些恼怒，他一把抓住狗的身子往后一推，差点将狗直接推倒在地。

“你快走开啊！走远一点！”

“好，好，马上就滚！你用得着我的时候，我再回来！”狗说着，就要往外走。

语言描写

这是对狗的语言描写，当蒂蒂尔恼怒赶它走时，它很温顺地向外走，并且说，“你用得着我的时候，我再回来！”体现了狗对主人很忠诚，绝无二心。

猫觉得正好可以趁机除掉狗，就怂恿蒂蒂尔把他锁起来，防止他再干蠢事，惹恼了群树。

蒂蒂尔一摸身上，忘记带皮带，也没有绳子。猫建议可以请常春藤用自己结实的藤蔓把狗捆起来。

狗一边往后退，一边冲着四周低声地嗥叫：“我要回来的，我

常春藤，又叫常青藤，是常绿木质藤本植物，为木质茎，茎长可达3～5米，多分枝，茎上有气生根。常青藤原产于欧洲、亚洲和北非，耐寒，喜冷凉气候。英国在16世纪以前，用常春藤来酿啤酒，常春藤的花语是感化。

要回来的！患痛风症的家伙，患支气管炎的家伙！你们这堆长得歪七扭八的老家伙！这堆老树根！难道你们看不出来是猫在那里操纵一切！……汪！汪！汪！……”

蒂蒂尔对常春藤说：“先生，您愿意把这让所有人讨厌的狗拴起来吗？”

常春藤怯生生地说：“他不会咬人吧？”

狗恶狠狠地说：“不会！不会！我会好好拥抱你呢！等一会儿你就会瞧见的！走近点，走近点嘛，你这堆老藤条！”

蒂蒂尔用木棍威胁狗：“蒂洛！老实点！趴下来！让他把你绑上！”

常春藤伸出又粗又长的藤条像捆包裹一样把狗捆结实并说：“现在该把狗放到哪儿？我捆结实了，他也说不了话了。”

橡树指了指身后：“把他牢牢地绑在我后面那个大树根上。待会儿我们再来看该怎么对待他。”常春藤把狗绑到橡树后面的树根，并把他捆结实了。

“好，现在我们摆脱了这个碍事的目击者，这个叛徒。现在我们按照我们的正义和真理来讨论一下。我一点儿也不向你们隐瞒，我非常激动。因为这是破天荒，我们第一次能够审判人，让人感到我们的威力。我认为，人类让我们遭受那么多伤害，所以他们该受到判决。”橡树看着四周，举起苍老的枝条。

群树和动物们都在大喊：“毫无疑问！毫无疑问！绞刑！死刑！太伤天害理了！太无法无天了！时间太长了！砸死他！吃了他！马上动手！马上动手！”

橡树用手示意大家安静：“全体一致是大势所趋的。现在问题是要知道，为避免被报复，采取哪一种刑罚最切实可行、最合适、最简便、最稳妥。而且当人们在森林里找到尸体时，最无迹可寻。”

蒂蒂尔并不清楚他们在干什么，他冲着猫小声地说：“他们在说些什么？他要干吗？我已经听够了。既然青鸟在他那儿，他给我就是了！”

动作、语言描写

此处是对公牛的动作描写与语言描写，它向前一大步，扬言要用角顶在人类的心窝上，体现出它对人类非常痛恨。

公牛向前一大步，牛蹄子重重地踏在地上：“最切实可行和最稳妥的刑罚就是对准他心窝用角狠狠顶一下。”

山毛榉说：“我可以提供我最高处的树枝，用来吊死他们。”

常春藤附和道：“我提供藤蔓。”

枞树说自己可以拿出造小棺材的四块木板，柏树则可以提供永久墓地，柳树提议最简单的办法莫过于把他俩淹死在一条河里。

菩提树和善地说："得了，得了。难道非要走极端吗？他俩年纪还很小，干脆把他俩关在一块空地上，我负责围上四周，这样就可以不让他俩危害我们。"

"是谁在这样说话？"橡树问道。

"菩提树！"

橡树大声说："难道我们中间也像动物中一样有一个叛徒了？至今我们只惋惜果树的背叛，但果树不是真正的树。"

猪滚动着贪婪的小眼睛："我呀，我想应该先吃掉小姑娘。她一定很嫩。"

橡树不耐烦地说："别说话！现在要决定我们当中最先动手的荣誉归谁所有，因为他要使我们渡过自有人类以来我们所经历的最大的威胁。"

"这个荣誉当然属于您，我们的树木之王和众木之长……"枞树由衷地赞美道。

橡树笑了笑："谢谢您，枞树！可惜我太老了！而且眼睛看不见，是个有残疾的人。我的手臂也麻木了，不再听使唤。而您呢，我的兄弟，您四季常青，永远笔挺，这儿的树大半您都看着长大的。现在我不行了，解救我们的这个高尚行动的荣耀应该落到您的身上。"

枞树有些为难地回答："谢谢您，可敬的家长。埋葬这两个牺牲品的荣耀如果落在我身上，我担心要引起我的同伴的嫉妒。我认为，除开我们俩，年纪最大、最有资格、拥有最好的枝干的，要数山毛榉。"

山毛榉文支吾吾地说："您要知道，我被虫蛀了，我的枝干已很不可靠……而榆树和柏树拥有强大的武器。"

"我当然是求之不得，但我连站都几乎站不直。昨晚有只鼹鼠扭伤了我的大脚趾……"榆树找了个借口胡乱搪塞道。

柏树也推脱道："我呢，我已经准备好了。不过，正像我的兄弟枞树一样，我虽没有埋葬他俩的权力，但至少总可以优先在他俩的坟上哭一场。但我兼职太多怕不太合适，所以还是请白杨去吧。"

白杨急忙推辞："让我去？您想到哪儿去啦？我的木质比小孩的肉还嫩呢！再说，我不知道自己怎么了，我身上烧得发抖！瞧瞧我的叶子吧！一定是今儿早上出门时受凉了。"

橡树勃然大怒："你们这群胆小鬼！这两个孤立无援、手无寸

动作描写

此处是对橡树的动作描写，尽管橡树眼睛是盲的，并且年迈体弱，走路非常艰难，但他为了保护族群，能够挺身而出，体现了他勇于担当的美好品质。

铁的小孩子也能让你们恐惧，正是这种恐惧才使我们一直做奴隶的呀！也罢！机会难得，既然如此，我虽然年老体衰、肢体麻木、颤颤巍巍、双目失明，也只能只身前往，去对付我们的世仇！他在哪儿？”

他拄着拐棍，慢慢地走向蒂蒂尔。

蒂蒂尔见势不妙，便从口袋掏出小刀，举着对准橡树：“这个拄着大拐棍的老家伙是对着我来的吗？”

老树们看见刀，顿时吓得惊叫起来，因为刀是人神秘的、不可抵御的武器。大家纷纷上前劝阻，并拉住橡树。

“刀！小心！刀！”

橡树挣扎着大叫：“放开我！我无所谓！管它是刀是斧！你们不要拉着我！”可是橡树并没有摆脱其他老树的阻拦，只好无奈地说：“那好吧！让咱们丢脸吧！让动物们来解救我们吧！”

公牛呼哧呼哧地喘着粗气：“就等您这句话了！让我来干！让我用角给他们来一个窟窿！”

“蒂蒂尔见势不妙，从口袋掏出小刀，举着对准橡树。”

阉牛和母牛拖住他的尾巴：“你干吗插手？别干蠢事！这不是件好事！我们会倒霉的。随它去吧！这不是我们的事！”

蒂蒂尔将吓得尖叫的米蒂尔拉到自己的身后，安慰着她，也安慰着自己说：“别害怕！躲在我背后！我有刀！他们是要冲着我来了。”

> **动作、语言描写**
> 此处是对蒂蒂尔的动作以及语言描写，在面临危险时，哥哥把惊慌失措的妹妹拉倒身后，保护着她，并安慰着她，体现出蒂蒂尔的勇敢与对妹妹的关爱。

驴甩着尾巴，轻轻地笑了一声：“还用说，我的小不点儿，你看了那么长时间，也该看出来了！”

猪盯着米蒂尔，口水都流了出来：“嘿，你可以做祷告了，你的末日来临了。可别挡住那个小姑娘，我要把她看够，我要先吃她。”

蒂蒂尔大声地问道：“我得罪你们什么了？你们为什么要吃掉我们?!”

绵羊轻蔑地说：“什么也没有，我的小不点儿。只不过你们吃掉了我的小兄弟、我的两个姊妹、我的三个叔叔、我的姑母、我的爷爷和奶奶……等着瞧，等着瞧。等你躺倒在地，就会看到我也是有牙齿的。”

“我是有蹄子的！我是有爪子的！我要把他们撞倒！我要把他们扑倒……”一时间，动物群中发出了各种叫嚣声。蒂蒂尔举着刀，紧张地注视着眼前的一切，却没有料到狡猾的狼已经溜到了自己的身后，把他撞个半倒。

“卑鄙！”蒂蒂尔一只腿跪着，却仍然挥动着刀子竭力保护他的妹妹，米蒂尔被吓得哇哇大哭起来。动物们和老树们看到蒂蒂尔跪在地上，都围拢过来，企图攻击他。蒂蒂尔一边拼命地抵挡着攻击，一边竭力保护自己和妹妹，一边向猫求救。

猫伪善地待在一边，装成受伤的样子：“我帮不了！我的爪子刚扭伤了！”

这时，狗拖着挣断的绳索，从橡树树身后面跳出来，挤进树和群兽之中，跳到蒂蒂尔面前，奋力保护蒂蒂尔。

> **对比**
> 当蒂蒂尔发出求救时，猫的袖手旁观与狗的挺身而出形成鲜明的对比，体现出猫的伪善、狗的忠诚。

狗龇着牙齿，四处乱咬：“我来了！我来了！我的小神仙！别害怕！加把劲！我咬起来可厉害着呢！熊呀，这口咬在你的大屁股上！嗨，还有谁要来一口！猪，给你一口。马，给你一口。牛尾巴也来一口！瞧！我撕破了山毛榉的短裤和橡树的围裙！枞树溜号了！天实在太热了！”

渐渐地，狗和蒂蒂尔支持不住了。动物和老树们齐声高呼：“狗是逆贼！白痴！叛徒！变节者！傻瓜！让他去死吧！死神，和我们在一起吧！”

狗强撑着站起来，冲着众人大叫：“不！就算只有我一个，也

“他说完，提醒蒂蒂尔要小心防备敌人的下一波进攻。”

要反对你们大家！不！我要忠于天神！忠于最优秀的人！忠于最伟大的人！”他说完便提醒蒂蒂尔要小心防备敌人的下一波进攻。

可是蒂蒂尔已经顶不住了，他摔倒在了地上：“我顶不住了，蒂洛！我挨了榆树一下。瞧，我的手流血了。不行了，我支持不了了。”

在这千钧一发之际，狗却惊喜地喊道：“有人来了！我听见了，我嗅到了！”

“在哪儿？是谁来了？”

“那边！是光！是光来了！她找到我们了！我的小国王，我们得救了！亲亲我吧！我们得救了！瞧！他们都慌了！他们散开了！他们害怕了！”

渲染

此处描述了在蒂蒂尔命悬一线之际，光前来营救。希望的曙光在森林中升起，渲染了一种安静祥和的气氛，让人有身临其境之感，激发读者的情感共鸣。

黑色的天幕一下子被拉起，耀眼的光驱散了黑夜的凝重，整座森林仿佛在一瞬间活了过来。曙光从森林上空升起，穿过密密匝匝的叶子，射在森林的地面上。

不知何时，光已经来到蒂蒂尔的面前：“怎么回事？发生什么事啦？可怜的孩子！你怎么这样糊涂呢！转一下钻石嘛！这样他们就会返回静寂和黑暗之中。”

蒂蒂尔立刻转动钻石。群树的灵魂纷纷奔回树干，树身随即合拢。群兽的灵魂也消失了，远处可以看到有头母牛和一头绵羊在悠闲地吃草。森林又变得静谧。

蒂蒂尔惊讶地看着四周："他们都到哪儿去了？这是怎么一回事？他们发疯了吗？"

光笑着说："没有，他们就是这样的。因为平时人们看不到他们的灵魂，所以不知道会这样……我早就告诉过你：我不在，唤醒他们是很危险的。"

蒂蒂尔站起身来，擦了擦他的刀："说实在的，要没有狗和这把小刀，真不知会怎么样。我真没想到他们会这样凶恶！"

"你要明白，人在这世界上是与一切为敌的。"

这时，猫从矮树丛里假装跛行而出："哎哟！阉牛顶了我肚子一角。虽然看不出伤痕，却痛死我了。橡树把我的爪子也打折了。"

狗哼了一声，作势要上去咬她。

猫连忙对着米蒂尔说："好姑娘，他欺侮我！他要伤害我！"

米蒂尔一把护住猫，并对狗说："你能让她安心吗？走开！"

“远处可以看到有头母牛和一头绵羊在悠闲地吃草。森林又变得静谧。”

阅读导航

经历了无比艰险的奇异森林之行，蒂蒂尔一行还是没有找到青鸟。他们跟随着光来到了墓地，接下来等待他们的又是什么呢？

第八章

墓地

神态、动作描写

此处是对蒂蒂尔的神态和动作描写，他垂着头，沉默地跟在光的后面。体现出经历了惊险的森林之行，还是没找到青鸟的蒂蒂尔沮丧的心情。

奇异森林之行虽然惊险无比，但是蒂蒂尔一行仍然没有找到真正的青鸟，沮丧的众人只得跟着光走出了老树和动物们的地盘。面包、火、糖、水和奶正在森林外面等着他们。蒂蒂尔垂着脑袋，一句话也不说，只是机械地跟着光往前走。也不知道走了多久，忽然，光停下了脚步。这时，蒂蒂尔才发现光把大家带到了一堵墙的前面。

“光指着墙，转身对众人说：“仙女贝丽吕娜刚刚传口信给我，说青鸟可能就在这儿。””

光指着墙，转身对众人说："仙女贝丽吕娜刚刚传口信给我，说青鸟可能就在这儿。"

蒂蒂尔疑惑地问："在墙里？"

光微笑地看着他："这堵墙后面有块墓地，青鸟就在那里。好像是有人把青鸟藏在坟墓里了。但现在的问题是：必须挨个检查，才能知道是哪个人干的。"

"挨个检查？怎么个检查法呢？难道要一个墓穴一个墓穴地看吗？"蒂蒂尔可从来没有听说过检查死人的。

光摆了摆手："当然不是。为了不要打扰他们，你在半夜转动一下钻石，就会看到死人从地下走出来，或者在坟墓里。"

"死人不会发火吧？"蒂蒂尔还是有些担心。

"绝对不会，他们甚至觉察不到。虽然他们不喜欢别人打扰他们，但因为他们习惯半夜出来，所以这不会使他们难堪。"

面包、糖和奶听到等会儿要去墓地检查死人，顿时脸色苍白，浑身发抖。火嘲笑他们胆小如鼠，蹦蹦跳跳地讲着自己以前火化尸体的经历，来表示自己并不惧怕死人。猫看着这一切，脸上闪过一丝狡黠的笑。

神态、动作描写

此处是对面包、糖和奶的神态以及动作描写。当得知将要去墓地检查死人，他们吓得"脸色苍白，浑身发抖"，体现出他们当时极度恐惧的心理。

蒂蒂尔询问光："你和我们一起进去吗？"

光摇了摇头："不了，我最好同各样东西和动物留在墓地门口。天亮的时刻还没有来到，光还不能闯进死人那里。我只能留下你单独同米蒂尔在一起。"

狗跳到米蒂尔身边："不，不，我要留下。我要待在我的小神仙身边！"

"这不行！仙女的吩咐很明确。再说，也没有什么可害怕的。"光拒绝了狗的请求。

狗有些失望地说："好吧，好吧，那就算了！如果死人很凶，我的小神仙，你吹一下口哨，我就来了，就像在森林里一样。汪！汪！汪！"

"好，再见，我亲爱的孩子们。我就在不远的地方，爱我的人和我所爱的人随时能找到我。"光拥抱了两个孩子，然后便带着其他人一起离开了。

蒂蒂尔和米蒂尔翻过围墙，进入墓地。今晚的月亮若隐若现，借着微弱的光亮，他们发现这只不过是一块十分普通的乡村墓地，自己居住的小镇西边也有这么一块。许多长着青草的坟墓整齐地排列着，每个坟墓的前面都插着木制的十字架。

动作、语言描写

此处是对蒂蒂尔的动作与语言描写。站在墓碑旁的妹妹很恐慌，哥哥蒂蒂尔虽然也有些发慌，但还是镇静地安慰妹妹，体现了蒂蒂尔的勇敢以及对妹妹的爱。

米蒂尔站在一块墓碑旁边，紧张地拽了拽蒂蒂尔的衣袖。蒂蒂尔虽然心里也有些发慌，但还是握住了妹妹的手："我呀，我从来不会害怕。"

米蒂尔小心翼翼地问道："你说，死人很凶吗？"

蒂蒂尔摇了摇头："不凶，他们又不是活着的人。"

米蒂尔又问道："你见过死人吗？"

蒂蒂尔想了想说："当然，我很小的时候曾经见过一次。他全身都很白，沉静而冰冷，也不说话。我听爸爸说，死人们一年到头都住在草皮底下，或是大石块底下。"

米蒂尔指着眼前的一块石板盖："这是他们家的门口吗？"

蒂蒂尔点了点头："他们只能在晚上出来，天一下雨，就只能待在自己的家里。他们靠吃草根为生。"

米蒂尔有些害怕，但又有些期待地问："那么，我们就要见到他们了吗？"

蒂蒂尔得意地说："当然，因为一转动钻石，就什么都能看到。"

"米蒂尔站在一块墓碑旁边，紧张地拽了拽蒂蒂尔的衣袖。蒂蒂尔虽然心里也有些发慌，但还是握住了妹妹的手。"

"他们会说什么？"

"他们什么也不会说，因为他们不说话。"

"他们干吗不说话？"

"因为他们没有什么可说。"

“他们为什么没有什么可说的?”

“够了!你可真烦!”蒂蒂尔受不了妹妹问个不停,于是打断了她。

过了一会儿,米蒂尔忍不住又问哥哥:“你准备什么时候转动钻石?”

蒂蒂尔说:“你忘记了吗?光说过要等到半夜,因为那时可以少打扰他们。你看得见教堂的钟吧?”

“看得见,我连秒针都看得见。”

“嗨!半夜就要敲响了!到了!刚刚好!你听见了吗?”蒂蒂尔的声音有些兴奋。

这时,寂静的夜空传来了十二下钟声。

蒂蒂尔摘下帽子,准备转动钻石。米蒂尔却突然非常害怕地阻止哥哥:“不,不!不要转动!我要走!哥哥,我心里害怕!我害怕死了!我不想看死人!”

> **动作、语言描写**
> 此处是对蒂蒂尔的动作描写和对米蒂尔的语言描写,蒂蒂尔摘下帽子,准备转动钻石,米蒂尔因为心里非常害怕告诉哥哥不要转动钻石,体现了哥哥做事果敢,同时表现出妹妹胆小。

“没有什么危险的。你不想看的话,闭上眼睛就好了!”

米蒂尔死死地攥住蒂蒂尔的衣服,等待着死人灵魂的出现。蒂蒂尔转动了钻石,可是,过了好一会儿,四周仍然是鸦雀无声,所有的一切还都保持着原状。正当兄妹俩纳闷的时候,忽然十字架开始慢慢地摇晃起来,坟墓也一下子裂开,石板盖也掀了起来。

米蒂尔躲在蒂蒂尔的身后说,“他们出来了!他们出来了!”

这时,从所有裂开的坟墓中,慢慢开出一朵花来,先是像水汽一样稀薄和飘忽不定,继而变得或洁白或鲜艳,越来越茂盛,越来越傲然挺立。渐渐地,越来越多千姿百态的花从枝蔓中生长出来。一时间,花团锦簇,鲜艳夺目。盛开的花好像一条花的河流无可抵挡地漫延到一切东西上去,把墓地变为一片仙境中才会出现的花的海洋。不久,最初的曙光就会升起。那时,露水晶莹闪亮,百花怒放,风过叶响,蜜蜂嗡嗡,鸟儿苏醒,一切都会将赞颂太阳和生命的第一阵醉人的歌声撒满世间。蒂蒂尔和米蒂尔看呆了,目眩神迷,手拉着手,在花丛中走了几步,寻找着坟墓的踪迹。

> **比喻**
> 将盛开的花朵比作成一条奔腾的河流,生动形象地描述了盛开的花朵非常多,体现出花的繁多与美丽。

蒂蒂尔和米蒂尔找了好一会儿,不仅没有发现青鸟,就连死人的灵魂也没有出现。两人失望地从墙上翻过去,出了墓地。守在外面的光看到他们失望的神情,微笑不语,继续领着大家往北方走去。

黑夜渐渐过去,大地在太阳的照射下又温暖了起来。蒂蒂尔一行人跟着光来到一座花园的入口。光站在门口说:“这回我们总

“这时，从所有裂开的坟墓中，慢慢开出一朵花来，先是像水汽一样稀薄和飘忽不定，继而变得或洁白或鲜艳，越来越茂盛，越来越傲然挺立。”

能找到青鸟了，我一开始就该想到这儿。只是到今儿早上，曙光来临，我才恢复了力气，这个念头像光线掠过天空一样来到我脑子里。我们眼下来到的是魔术花园的入口，这花园由命运守卫，人类的一切欢乐和幸福都汇聚在这儿。”

蒂蒂尔问：“里面有很多欢乐和幸福吗？我们能同他们在一起吗？欢乐和幸福都是小个子吗？”

光回答：“有小个儿，有大个儿，有胖的，有瘦的，有很漂亮的，也有不怎么好看的。但不久以前，最丑的都被赶出花园，到不幸那里安身去了。需要说清的是，不幸就住在旁边的洞穴里，这洞同幸福之园是相通的，只隔开一道水汽或一层薄幕，从正义之港或永恒之渊吹来的风会不时把这薄幕掀起。眼下，问题是要团结起来，要多加点小心。一般来说，幸福都是非常和蔼的，但也有个别的比最大的不幸还要阴险，还要奸诈。”

面包腆着小肚子，故作神秘地说：“我有个主意！假如他们很

魔术是一种以特殊技巧和设备营造错觉和认知偏误，以娱乐观众，使他们觉得不可思议的表演艺术。欧洲中世纪的魔术师被称为杂耍者，他们四处旅行，常在村庄的空地上以简单的戏法娱乐村民。

下图为欧洲魔术师表演的宣传海报

阴险、奸诈，我们最好都等在门口。当孩子们不得不逃跑的时候，我们不就可以去援助他们了吗？”

狗赶紧摇着头说：“不好！一点儿不好！我的小神仙到哪儿，我就想跟到哪儿！让胆小鬼待在门口吧！”

火也急忙表态：“我呀，我也要跟着去！看样子很有趣！在里面应该可以一直跳舞。”

面包想了想，问道：“里面也有吃的吧？”

水擦着眼泪，呜咽地说道：“我连最小的幸福都从来没见过！我总得见一见！”

光做了个安静的手势：“大家都别说了！没有人征求你们的意见。以下是我做出的决定：狗、面包和糖陪着两个孩子；水不要进去，因为你太冷冰冰的；火也不要进去，因为你太爱闹了；我劝奶还是留在门外，因为你太容易动感情；至于猫呢，你爱怎样都可以。”

猫趁机说道：“有几个不幸我顺便要去问候一下，他们都是我的老朋友，就住在幸福的隔壁……”

蒂蒂尔转头看着光：“那么你呢，光，你也进去吗？”

“我可不能这样到幸福那儿去，他们大半都吃不消我的光亮。我这儿有一块厚面纱，当我去拜望幸福的人儿就会戴上。”光抖开一条长面纱，仔细裹住自己，“不能让我的灵魂的一丝闪光吓坏了他们，因为有很多幸福非常胆小。瞧，像我这样，那些不怎么漂亮的和最胖的幸福也不会有什么可害怕的了。”

动作、语言描写

此处是对光的动作以及语言描写，光担心自己的灵魂会吓到幸福，她用一条长面纱裹住自己，体现出光很细心，同时富有爱心。

我的好词好句

⊙惊险　漫延　纳闷　花团锦簇

⊙盛开的花好像一条花的河流无可抵挡地漫延到一切东西上去，把墓地变为一片仙境中才会出现的花的海洋。

⊙“好，再见，我亲爱的孩子们。我就在不远的地方，爱我的人和我所爱的人随时能找到我。”光拥抱了两个孩子，然后便带着其他人一起离开了。

阅读导航

幸福之园里住着各种各样的幸福，他们都现身来到蒂蒂尔一行人的眼前。当蒂蒂尔向他们打听青鸟的踪迹时，他们会怎么回答呢？

第九章
幸福之园

环境描写

此处描写了幸福之园大殿的环境，那里金碧辉煌，琳琅满目，营造了温馨祥和的氛围。

蒂蒂尔一行人刚进幸福之园，就看见眼前有一座由大理石圆柱支撑的大殿。柱子之间悬挂着沉重的绛红色帷幕，并用金绳系牢，遮住了背后的一切。这幢建筑令人想起文艺复兴时期威尼斯或佛兰德斯最淫靡、最繁华的时代。大殿里随处可见艳丽的花环、轻盈的流苏、精致的花瓶、金色的雕像，还有一种角形花果篮，状如倒挂的动物角，角口盛满了水果，象征着富足与丰收。大殿正中放着一张巨大的、金银镶嵌的碧玉餐桌，上面放满烛台、水晶容器、金银餐具和美味佳肴。桌旁围坐着大腹便便、脑满肠肥的人间幸福。他

“大殿正中放着一张巨大的、金银镶嵌的碧玉餐桌，上面放满烛台、水晶容器、金银餐具和美味佳肴。”

们个个面泛红光，体态肥硕，周身上下裹着丝绒、锦缎，穿戴的奇珍异宝。幸福们要么大吃大喝，手舞足蹈，引吭高歌，要么趴倒、酣睡在珍馐与翻倒的壶瓮之间。不断地有美丽的女仆端着有彩绘的盘碟和冒着泡沫的饮料，送到他们的嘴边。大殿里的管弦乐仿佛还嫌不够热闹，巨大的声浪让这里陷入了一种迷狂。

上图为部分管弦乐器

管弦乐是指除协奏曲、交响乐之外的由管弦乐队演奏的作品。管弦乐队由弦乐、木管、铜管、打击乐等不同乐器组合而成，通常场面浩大。

蒂蒂尔、米蒂尔、狗、面包和糖有些胆怯地簇拥着光，好奇地看着眼前的一切。这是兄妹俩见过的最奢华的聚会了，就连自己家对面的有钱人举办的平安夜聚会也赶不上这里的百万分之一。

“这些大胖先生又笑又闹，吃着那么多的好东西，他们都是些什么人哪？”蒂蒂尔有些羡慕地看着桌子上的水果与糕点。

光带着些许的鄙夷回答道：“这些臃肿的大胖子就是人间的幸福，即使是视力最不好的人也能用肉眼看见的幸福。虽然可能性不大，但是青鸟也有可能一时沉溺在他们中间。所以你暂时不要旋转钻石，我们先从大殿的这一部分搜寻一下。”

蒂蒂尔又问道：“可以走近他们吗？”

“当然可以。他们虽然很庸俗、缺乏教养，可是倒不凶。”光微微地点了点头。

就在蒂蒂尔和光交谈的同时，米蒂尔、狗、面包和糖已经不自觉地往那张巨大的碧玉餐桌靠近，并且每个人的眼中都充满了对美味食物的欲望与渴望。

“他们的点心多好啊！”米蒂尔又想起了有钱人家小孩吃的点心。可是那些点心又怎么能比得上眼前的这些造型精致、散发着阵阵香味的各式点心呢。海螺状的，兔子状的，鲜花状的，甚至还有一座点心塔，上面摆满了小巧玲珑的灯笼状点心。狗对着野味、红肠、羔羊腿、小牛肝直流口水，在他眼中世界上没有什么比鲜嫩的小牛肝更好、更美、更有价值的东西了！面包则有些嫉妒地看着那些比自己还要大，还要漂亮的面包，心里盘算着如何让自己看起来和他们一样。

神态、心理描写

此处是对面包的神态与心理描写。看着比自己更大、更漂亮的面包，它心里盘算如何让自己变得更好，体现了面包羡慕、嫉妒的心理。

“对不起，对不起，一千个对不起……让我说，让我说，我不想冒犯任何人，但你们不要忘了甜食、糖果。”糖已经完全沉浸在了桌上糖果的流光之中，“这一桌的光荣全属于他们的，我敢说，他们超过了这个大殿的一切。”

这时，一个最肥胖的幸福站了起来，捧着肚子，步履艰难地

“并且每个人的眼中都充满了对美味食物的欲望与渴望。”

向他们走来。

光安抚着有些忐忑的大家：“别害怕，他们是很好客的，兴许他们是来邀请你们入席呢。不过蒂蒂尔你可别接受，什么也不要接受，免得你忘掉自己的使命。”

“什么？连一块小点心也不能接受吗？”蒂蒂尔有些诧异地望着光，要知道他和米蒂尔一样——早就想尝一下那些点心了。“这些点心看起来是多么香甜，那上面铺了亮晶晶的一层糖，里面的蜜饯、奶油都流出来了！”

光严肃地回答：“点心很危险，那会毁掉你的意志。如果你想完成仙女的任务，就得做出牺牲。你要有礼貌地但要坚决地拒绝。他们来了！”

最肥胖的幸福已经挪到了他们的面前。他艰难地向蒂蒂尔伸出圆滚滚的手：“你好，蒂蒂尔！”

蒂蒂尔惊讶地问：“您怎么认识我？您是谁？”

“我是最肥胖的幸福，名叫有钱幸福，我代表我的兄弟们来请您和您的朋友光临我们永恒的宴席。您可以跟人间真正的幸福一起分享最美味的食物，享受最美妙的音乐。”最肥胖的幸福说到这里，向蒂蒂尔挤了挤眼睛，“下面，请允许我向您介绍他们当中最重要的几位：这是我的女婿私有幸福，他的肚子像个水梨；这是满足虚荣心幸福，他的五官虽然已经挤在了一起，但却很可爱；这是不渴而饮幸福和不饥而食幸福，他俩是孪生兄弟，他们的四肢都是通心粉；这是一无所知幸福，聋得像木头一样；还有毫不理解幸福，像鼹鼠一样是盲人；这是一无所为幸福和睡眠过度幸福，他们的手是面包屑形成的，眼睛是蜜桃果子冻做的；最后，这是笑胖子，他的嘴巴一直咧开到耳朵，他一天到晚总是忍不住想笑。”

人物介绍

最肥胖的幸福向蒂蒂尔一一介绍了私有幸福、满足虚荣心幸福等人，点明了他们各自的特点，给人以深刻的印象。

笑胖子笑成一团地向蒂蒂尔等人鞠躬致意。

蒂蒂尔指着站在一旁的一个幸福问道：“那个不敢走过来，背对着我们的是谁？”

最肥胖的幸福笑着回答：“别在意，他有点儿腼腆，不好意思见到各位尊贵的客人。”

上图为比利时最常见的青啤梨

啤梨吃起来比较甜软清润。啤梨的下部凸出，肚子肥胖，所以形容私有幸福。

“您来吧！马上又开宴了！从清早到现在，这是第十二次了。就等着您了。您没听到所有人都在大声要求您入席吗？但我不能给您一一介绍，他们人太多了。”最肥胖的幸福把手伸给两个孩子，“让我领你们到上宾席去吧。”

蒂蒂尔向他鞠了一个躬，礼貌地拒绝道：“非常抱歉，大胖子幸福先生。非常感谢您的邀请，但眼下我不能去。我们急着要去找青鸟。对了，您知不知道青鸟藏在哪儿？”

最肥胖的幸福愣了一下，想了想说：“青鸟吗？等一等……对了，对了，我想起来了。以前有人对我提起过：这鸟不好吃。总之，它从来没有上过我们的桌面。就是说，你们用不着花力气去找，比它更好的东西我们有的是。你们来过过我们的生活，看看我们所做的事。”

“你们在做什么事？”米蒂尔忍不住在旁边插嘴问道。

最肥胖的幸福指着碧玉餐桌，回答道：“我们一刻不停地所从事的就是什么也不干。我们从不休息，必须一直吃、喝、睡，这非常费心思。”

“可是这样开心吗？”

“开心！并且也只能这样，因为这世界上没有别的事了。”最肥胖的幸福觉得这问题的答案显而易见。

“真是这样吗？”光冷不丁地问了一句。

最肥胖的幸福有些不满，指着光低声对蒂蒂尔说：“这个没有教养的姑娘是谁？”

通心粉亦称通心面，是意大利的名点，种类很多，一般为空心，文中说“不渴而饮幸福”和“不饥而食幸福”的四肢都是通心粉，象征了他们生活的空虚。

细节描写

此处是对另一群胖子拉狗、糖和面包入席的细节描写，体现了这些幸福的热情好客。

这时，另一群胖子幸福在招呼着狗、糖和面包，拉着他们加入宴席。当蒂蒂尔发觉他们时，他们已同胖子们亲热地坐上桌旁。

蒂蒂尔注意到了他们和胖子们一起大吃大喝、手舞足蹈：“你瞧，光！他们已经吃上了！”

“快把他们叫回来！否则后果不堪设想！”急切的光语气让蒂蒂尔也紧张起来。

蒂蒂尔冲着餐桌大声地喊道：“蒂洛！蒂洛！赶快回来，听见没有？你，还有那边的糖和面包，谁允许你们离开我的。没有许可你们到那儿干什么？”

面包正在忙不迭地往口里塞东西：“你对我们说话不会客气点吗？”

蒂蒂尔一听，有些生气地说：“怎么？面包现在居然这么不尊重我？怎么会变得这样？你呢，蒂洛，你就是这样服从的吗？快点，回来！回来！快点！”

狗耷拉着脑袋，在桌子一头小声说：“我呀，我一吃上了，就谁也顾不上，什么也听不见了。”

糖捏着甜蜜蜜的嗓子：“请原谅，我们要是马上离开，就要得罪这些可爱的主人。”

“快把他们叫回来！否则后果不堪设想！”急切的光的语气让蒂蒂尔也紧张起来。

最肥胖的幸福有些得意地看着他们："你们瞧！他们给你们做出了榜样！来吧，大家都在等着你们呢。你们要是拒绝，我们可不会答应。那就得强拉硬拽了！来呀，诸位胖子幸福，来帮帮我！把他们硬推到席上去，让他们体验我们的快乐！"

所有的胖子幸福，一面快乐地叫嚷着，一面手舞足蹈。他们拖走了两个孩子，他俩挣扎着。

光大声地提醒蒂蒂尔："是时候转动钻石了！"

蒂蒂尔用尽所有的力气，拼命地挣脱了胖子的手，转动了钻石。顿时，宫殿里面浓郁的红色一下子就被驱散了，光线逐渐变成难以描述的神奇的玫瑰色，异常和谐、轻灵。那些浮华的装饰和厚实的红色帷幕也全部消失，随即出现了一个幽美宁静的花园，一座浓荫掩映、景致和谐的宫殿。花香清新醉人，泉水潺潺之声可闻，散发着清爽宜人的气息。刚才喧闹、奢华的宴席已经不留一点痕迹，那些胖子幸福身穿的丝绒、锦缎和花冠，被强风吹拂而起，撕裂成碎片，落到地上，而他们笑吟吟的面具也落到脚边，露出惊慌的表情。他们像破裂的气球一样以肉眼可见的速度迅速萎缩下去，大家面面相觑，在不习惯的光线刺激下眨巴着眼睛，终于互相看到赤裸裸的彼此：他们面目丑陋、皮肉松弛、神情凄惨，于是羞惭和惶悚地喊叫起来，其中以笑胖子的叫声最高、最清晰可辨。唯独毫不理解幸福很平静，其余的激动异常，企图奔逃、躲藏到角落里去，并且嫌角落里不够黑暗。可是明亮的花园哪儿都没有阴影。因此大多数幸福实在无奈，都决意要越过角落封闭着不幸之洞的那道咄咄逼人的帷幕。当他们之中的一个在慌乱中掀起这帷幕的一角时，从岩洞中就传出一阵阵恶骂、诅咒。狗、面包和糖，都垂头丧气地回到孩子们那里，羞愧难当地躲到他们背后。

> **视觉、嗅觉、听觉描写**
>
> 作者从视觉、嗅觉与听觉的角度描述出转动钻石后，蒂蒂尔所看到的幸福之园的真实面貌，体现出幸福之园环境的幽静与美丽。

蒂蒂尔瞧着那些胖子幸福四散奔逃的样子，不由得惊呼："天呀，他们多丑！他们跑到哪儿去了？"

光则像是早已知道这一切似的，冷静地说："说实在的，我想他们是头脑混乱了，居然想要躲到不幸那里去，我真担心他们会永远留在那儿。"

蒂蒂尔环顾四周，为眼前新出现的花园所着迷："噢，多美的花园，多美的花园！我们在哪儿？"

> **动作、语言描写**
>
> 此处是对蒂蒂尔的动作描写与语言描写。他环顾四周，并赞叹道："多美的花园！"突显了他对花园的着迷，并体现了他当时的喜悦之情。

光笑着说："我们没有变换地方，是你的眼睛变换了看的角度。我们如今看到的才是事物的真相，在钻石之光的照耀下，我们会看到各种幸福的灵魂。"

“这时，花园里显出了许多天使的身形，他们仿佛久睡初醒，悠然地绕行于树木之间。”

人物描写

描写了花园中出现的天使们的身姿，这段描写突出了他们步履轻盈、姿态美丽。

这时，花园里显出了许多天使的身形，他们仿佛久睡初醒，悠然地绕行于树木之间。身穿闪烁着光芒的长袍，看上去细腻、柔和，宛如黎明刚刚展开；那初醒的玫瑰，那微笑的水波，以及那琥珀般的露珠。

“看，有几个可爱的、有好奇心的幸福过来了，他们会告诉我们想要知道的一切。”光指着天使的方向。

“你认识他们吗？他们的人真多啊！都从四面八方过来了。”蒂蒂尔看见无数的人影汇集在一起，向这边移动。

“是呀，我都认识，我常到他们那儿。不过，他们不知道我是谁。”光瞧着远处，“过去他们还要更多呢，只是那些肥胖的幸福害死了他们不少。”

“他们留下来的已经很多了。”

动作描写

此处是对一群小不点幸福的动作描写，他们蹦蹦跳跳，笑声朗朗，突出了他们性格活泼，心情的愉快。

“等到钻石的魔力散布到花园各处，你还会看到更多的幸福。世界上的幸福比人们所想象的要多得多，只不过大多数人发现不了就是了。”光向蒂蒂尔解释道。

一群小不点的幸福跳跳蹦蹦，笑声朗朗，从绿树丛中奔跑而出。围着孩子们绕圈跳舞。

蒂蒂尔衷心地赞美道："他们多漂亮，多漂亮！他们从哪儿来？他们是谁？我可以跟他们说话吗？"

光说："这是儿童幸福。但你和他们说也没用，因为他们会唱、会跳、会叫，但他们还不会说话。"

米蒂尔跳跃着说："那他们不是和我们一样？你们好！你们好！快看，那个胖乎乎的在笑呢！他们的脸色多红润，他们的袍子多漂亮！他们都很有钱吗？"

光摇了摇头："不，这儿同其他地方一样，穷人比富人多得多。"

蒂蒂尔追问："穷的是哪些？"

"我也分不清，不过儿童幸福总是穿着天地间最漂亮的衣服。"光笑着说。

"我真想同他们跳舞！"米蒂尔按捺不住，就想加入到儿童幸福们中间。

"绝对不行，我们没有时间。我已经看出他们没有青鸟。"光拉住米蒂尔的手，"再说，他们很忙。你瞧，他们已经走了。他们也没有时间在这里逗留，因为童年是短暂的。"

儿童幸福的身影刚刚远去，另一群稍大的幸福奔向花园，高声唱着："他们来了！他们来了！他们看见我们了！他们看见我们了！"他们也围着两个孩子跳起了欢快的民间集体舞，最后，有个像是领头的走向蒂蒂尔，对他伸出手。

"你好，蒂蒂尔！"

"又有一个认识我的！怎么到哪儿都有人认识我啊！"蒂蒂尔纳闷地看着光，又转头对着眼前的幸福问道："你是谁？"

"你没有认出我吗？"幸福笑着打趣说："我敢打赌，在这儿的你一个也认不出。"

蒂蒂尔有些尴尬地挠了挠头，又仔细地看了看他们，确实一个也认不出来。他只好承认自己也记不起在哪里见过这些幸福。

> **细节描写**
> 此处对蒂蒂尔挠头的细节描写，表现出他因不认识眼前这位幸福而尴尬的神情。

"你们听见吗？我早料到了！他从来没有见过我们！"领头的幸福转头看着其他早已哄然大笑的幸福，"我的小蒂蒂尔，我们正是住在你家的幸福啊！我是你家幸福的头儿！我们一直在你周围！我们同你一起吃、喝、睡、呼吸和生活！"

"我家里有很多幸福吗？"蒂蒂尔觉得有些不可思议地问。

所有的幸福再一次哄然大笑起来。

领头的幸福示意大家安静，他对蒂蒂尔说："你们听他问些什么！在你家是不是有很多幸福？当然！我的小可怜虫，你家里的幸福多得连门窗都要挤掉了呢！我们天天都笑呀，唱呀，产生的快乐连墙都可以推倒，连屋顶都可以掀掉。可是我们是白干了，你什么也没有看到，什么也没有听到呢！但愿你以后能更清醒些。现在你过来同那些最有名望的握握手吧，这样你回家以后就可以更容易认出他们。什么时候过上了快乐的一天，到晚上你就可以用微笑鼓励一下他们，说句好话感谢他们，因为他们真是竭尽全力地使你生活得轻松愉快。让我先自我介绍下吧。我是服侍你的健康幸福，我虽然不是最漂亮的，但最重要。你会认得我了吧？这是新鲜空气幸福，他差不多是透明的；这是孝顺幸福，他身穿灰衣，总是愁眉不展，因为别人从来不看他一眼；这是蓝天幸福，不用说，他穿蓝衣；还有森林幸福，不用说，他穿绿衣，你每次站在窗前都会看到他；这是日照时间幸福，他的衣服像钻石一样闪光；还有春天幸福，他穿艳丽的翡翠色服装……"

省略

领头的幸福向蒂蒂尔介绍了新鲜空气幸福、孝子幸福等，这里运用省略号，凸显了幸福之多，给读者留下想象的空间。

"你们天天都穿得这样漂亮吗？"蒂蒂尔和这些幸福都握过一次手后，然后问健康幸福。

健康幸福回答："是呀，每一天，每一家，只要人们张开眼睛，对于我们来说就都是周末。夜晚来临时，日落幸福就出来了，他比世界上一切国王都要英俊威武；接着而来的是观星幸福，他金光闪闪的，好像古代的天神；天气不好时，下雨幸福就出来了，他满身都是珍珠；还有冬火幸福，他给冻僵的手张开他美丽的绛红大氅。我还没有说到最好的一个，因为他几乎可说是通体透明的欢乐的弟兄，你们一会儿就会看到这些欢乐的，他的名字叫作天真思想幸福。在我们当中，他的装束是最鲜艳的。这儿还有，说真的，人太多了。我们说也说不完，我应该先去给欢乐送个信，她们住在天上，靠近天国大门，她们还不知道你们来了。我派赤脚踏露幸福去催她们，他最灵活了。"说着，健康幸福对赤脚踏露幸福招了招手："你快去吧！"

这时有一个穿黑色紧身衣的小魔鬼一面发出难以辨别的叫声，一面挤过来，他走近蒂蒂尔，手脚并用，弹几下蒂蒂尔的鼻子，打了蒂蒂尔几下耳光，又踢蒂蒂尔几脚。

蒂蒂尔呆住了，非常愤怒地说："这个野小鬼是谁？"

健康幸福看了眼小魔鬼说："哦！他是不能忍受的快意，从不幸之洞溜出来了。我们不知道该把他关在哪里。他到哪儿都能溜掉，连不幸也不能把他看住。”

小魔鬼继续戏弄蒂蒂尔。突然，小魔鬼爆发出一连串笑声，莫名其妙地消失了，就像来时一样莫名其妙地突然。

动作描写

此处是对小魔鬼的动作描写，他不断地戏弄蒂蒂尔，突然大笑，又莫名其妙的消失。体现了小魔鬼的活泼与顽皮。

蒂蒂尔有点摸不着头脑：“他这是怎么啦？他怎么有点儿疯疯癫癫的？”

“我也不知道。好像你不听话时也是这样的。”光抿着嘴偷笑，她又催促蒂蒂尔说：“趁这个空儿，你该问问青鸟的事。兴许你家幸福的头儿知道青鸟在哪儿。”

蒂蒂尔问健康幸福：“你知道青鸟在哪儿吗？”

健康幸福忽然大声地说：“他会不知道青鸟在哪儿？”所有的家庭幸福都哄然大笑。

蒂蒂尔有些委屈地说：“我就是不知道嘛！没有什么好笑的吧！”

蒂蒂尔的话只是让家庭幸福们的笑声变得越来越大。

健康幸福让其他人都安静下来，安慰着蒂蒂尔说：“得了，你别生气！我们也严肃一点。你虽然不知道，但也并不比大多数的人更可笑。瞧，小赤脚踏露幸福通知过欢乐了，她们朝我们这边来了。”

蒂蒂尔看到一些身材颀长的美丽女子，穿着光闪闪的长裙，已经缓步走近。可是她们的脸上都没有笑容。

悬念

蒂蒂尔看到的这些美丽女子为何脸上没有笑容呢？此处设置了悬念，不禁让人产生疑问，引起读者的阅读兴趣。

“她们多美呀！可是她们为什么不笑？她们不快乐吗？”

“并不是有笑容的人才是最快乐的人。”光的声音有些颤抖。

蒂蒂尔问：“她们是谁？”

健康幸福回答：“她们是欢乐。我们常常同她们一起玩儿的。最前面那个是正义欢乐，每当不义得到纠正，她就会微笑。但我年纪太轻，我还没有看到过她微笑；她后边是善良欢乐，她最幸运，但也是最忧愁的。她很爱去安慰不幸，很难阻止她不去；右边那个是工作完成欢乐。她的旁边是思想欢乐。再后面是理解欢乐，她总在寻找自已的兄弟，毫不理解幸福。”

蒂蒂尔忽然大声叫起来：“我见过她的兄弟！他同那些胖子幸福到不幸那儿去了！”

“我早就料到了！他学坏了，结交坏朋友使他完全堕落了。”健康幸福有些担忧地叮嘱蒂蒂尔：“你可不要对他的姐妹说起这些。她要是去寻找他，我们就会失去一个最美的欢乐了。这里还有审美欢乐，她每天都要给这明媚的花园增添几缕阳光。”

蒂蒂尔指着远处，问道：“还有那儿呢，在闪着金光的云彩里，我踮起脚尖好不容易才看到的那一个。”

“这是爱的欢乐！你怎么看也没有用，你人太小，看不到她整个人。”健康幸福继续介绍道：“还有在最后面，蒙着面纱，不肯走近的是人类还不曾认识的欢乐。”

设置悬念

此处设置了悬念，让人不禁产生疑问，最纯粹的欢乐是谁呢？给读者留下了想象的空间，吸引读者阅读的兴趣。

蒂蒂尔疑惑地问道：“她们干吗要躲在一边？”

“那是因为有一个新的欢乐要来了。说不定她是我们这儿最纯粹的一个。”

“她是谁？”

“你还不认识她吗？”健康幸福有些生气地对蒂蒂尔说：“好好瞧瞧，张开你的眼睛，在你的灵魂最深处！她看见你了，她看见你了！她向你跑来了！这是你母亲的欢乐啊！母爱能使人无比欢乐！”

这时，其他欢乐向她欢呼，从四面八方跑来，又从她面前悄然退走。

母爱张开双臂将蒂蒂尔和米蒂尔搂在怀里：“蒂蒂尔，还有米蒂尔！怎么是你们？真想不到我会在这儿找到你们！我在家里很孤

“这时，其他欢乐向她欢呼，从四面八方跑来，又从她面前悄然退走。”

单。瞧，你们俩一直爬到天上了。一切母亲的灵魂都在这里的欢乐中闪出光芒！世界上没有什么比搂着你俩更幸福的了！蒂蒂尔，你怎么不笑？米蒂尔，你怎么也不笑？你们认不得母爱了吗？好好瞧瞧我，这不是我的眼睛、我的嘴唇和我的手臂吗？”

“不是的，我认出来了。”蒂蒂尔有些不好意思，“不过以前我不知道您很像妈妈，并且您要漂亮得多。”

“当然咯，我呀，我不会变老。在这儿每过一天，就会给我增添一分力量、青春和幸福。你每微笑一次，我就年轻一岁。”母爱抚摸着蒂蒂尔的头，“在家里，这些是看不到的，但在这儿，什么都看得见。”

蒂蒂尔亲吻她的脸颊：“这裙子好漂亮啊！是用什么做的？是绸缎做的、银做的还是珍珠做的？我以前怎么从来没有见过您穿过呢？您是把它藏在哪里了吗？”

“都不是，这是亲吻、注视、抚摸做的，每给一个吻就在上面增加一缕月光或日光。”母爱耐心地向蒂蒂尔解释道：“我一直把这裙子穿在身上，只不过别人看不出罢了，因为闭着的眼睛是什么也瞧不见的。凡是母亲，只要爱她们的孩子，就是有钱人。母亲没有穷的、丑的和老的。她们的爱总是欢乐当中最美的。每当她们显出忧郁的样子，只要她们得到一个亲吻，或者她们给人一个亲吻，那么所有的泪珠在她们的眼底都会变成星星。”

“是呀，真的，您的眼睛满是星星！”蒂蒂尔像是发现了新大陆一样，拉着母爱不停地看。“这真是您的眼睛吗？不过要漂亮得多。您还戴着小戒指，甚至那天晚上您点灯时烧伤的疤也还在。不过这只手要白得多，皮肤也真细呀！仿佛手就能放出光来。在这里不像在家那样要干活吧？”

“这就是同一只手，你难道没有看到过，这只手一抚摸你就会变白和放光吗？”

> **反问**
>
> 当蒂蒂尔像发现新大陆一样发现母爱这双手会发光时，母爱反问道，“你难道没有看到过，这双手一抚摸你就会变白和发光吗？”这句话发人深思，增强了文章的气势。

米蒂尔也好奇地说：“真奇怪，妈妈，这真是您的声音，不过你的声音比在家好听多了。”

母爱问：“在家事儿太多，没有闲工夫。不过明儿你回到家里的时候，我会穿着破裙子，你还能认得我吗？”

“我不想回家，既然您在这儿，我也想待在这儿，只要您在我也在。”蒂蒂尔摇着头答道。

“可是，我就住在人间，我们都住在人间。你到这儿来，无非是要了解和学会你在人间看到我时该怎么看待我。你明白吗，我的

“母爱张开双臂将蒂蒂尔和米蒂尔搂在怀里：‘蒂蒂尔，还有米蒂尔！怎么是你们？真想不到我会在这儿找到你们！’”

蒂蒂尔？现在你以为是在天国，其实凡是我们拥吻的地方都是天国。你不会有两个母亲，你不会有别的母亲。每个孩子都只有一个母亲，总是那一个，总是最美的，不过必须认识她，懂得怎么看待她。对了，你怎么会跑到这儿来的？这条路自从人类居住在地球上就一直在寻找，你是怎样找到的？”

蒂蒂尔指着光：“是她带我来的。”

“她是谁？”

蒂蒂尔回答：“是光呀！”

母爱疑惑地问道：“我从来没见过她。我听说光很喜欢你们俩，她很和气。可是她干吗要躲在一边？总不肯露出她的脸？”

疑问句

此处连用两个疑问句，母爱向蒂蒂尔询问光为何躲在一边？为何不露出她的脸？体现了母爱的不解与好奇。

“她担心幸福看到她会觉得太亮、会惊慌害怕……”蒂蒂尔向母爱解释道。

“天哪！她居然不知道我们在等待着她！”母爱招呼其他欢乐：“大家都过来。过来，我的姐妹们！过来，都跑过来。光终于来看我们了！”

欢乐们听到母爱的呼喊之后，纷纷围拢了过来，喊着：“光在这儿！是光，是光！”

理解欢乐挤开众人，上前拥抱光：“您原来是光，我们还不知道呢！您知道我们等您等了多少年吗？您还认得我吗？我找您找了好久呀！我们虽然都很快乐，可是我们却看不到自身以外的东西。”

正义欢乐与审美欢乐也跑过来拥抱着光，原来大家都期盼着光的到来能让自己看到别的事物：“我们的好姐姐，您别让我们再等待了。我们都够坚强，都够纯粹了。拉开这面纱，让我们看看最后的真理和最后的幸福吧！”

光也被欢乐们感动了，但她拉紧了面纱说：“姐妹们，我美丽的姐妹们，我必须听从我主人的吩咐。这一刻还没有来到，也许不久时机就会来到。那时，我会毫无顾虑、不加遮掩地回到你们这儿。再见了，你们起来吧，让我们像久别重逢的姐妹一样拥抱，那一天不久就会来到的。”

光和理解欢乐久久地抱在一起，分开后抬起头来，只见双方都热泪盈眶。

> **动作、语言描写**
> 此处是对光与欢乐的动作以及神态描写，它们拥抱并落泪，表达这对久别重逢的姐妹对彼此的思念之情。

一旁的蒂蒂尔惊讶地看着光与所有的欢乐都在抽泣：“你们干吗哭鼻子？瞧！你们也哭鼻子了！干吗大家眼里都满是眼泪？”

“别再说了，我的孩子。”

我的好词好句

⊙纯粹　遮掩　尴尬　忐忑　琥珀　美味佳肴　神情凄惨

⊙大殿里随处可见艳丽的花环、轻盈的流苏、精致的花瓶、金漆的雕像，还有一种角形花果篮，状如倒挂的动物角，角口盛满了水果，象征着富足与丰收。

⊙这时，花园里显出了许多天使的身形，她们仿佛久睡初醒，悠然地绕行于树木之间。身穿闪烁着光芒的长袍，色调细腻柔和，宛如黎明的苍穹刚刚展开，那初醒的玫瑰，那微笑的水波，以及那琥珀般的露珠。

阅读导航

这是一个青色的世界，一切的景观都是青色的。数不清的青色衣服的孩子们聚集在一起，他们忙忙碌碌，一边精心准备着到人世间的礼物，一边在等待着诞生的时间。在这里会发生怎样的故事呢？他们能够如愿找到青鸟吗？

第十章
未来王国

绿松石又称“松石”，也称“突厥玉”。是一种次生矿物，由含铜、铝、磷的地下水在早期花岗岩石中淋滤而成。因其形似松球且色近松绿而得名，是稀有的宝石品种之一。

蓝天之宫的几座大殿，即将出生的婴儿都在这儿等待。望不到头的碧玉圆柱支撑着绿松石的穹顶。这儿的一切，从光线和青石板，到背景处那些星星点点的最远的拱门和最小的物件，都呈现出一种虚幻的、像仙境一样的深青色。只有柱头、柱座、拱心石、几张座椅和几条圆形长凳是白大理石的。右边柱间有几扇乳白色大门，面向着现实生活和曙光码头。一群身穿青色长袍的孩子均匀地分布于大殿中。有的在玩耍，有的在散步，有的在交谈，有的在沉

“这儿的一切，从光线和青石板，到背景处那些星星点点的最远的拱门和最小的物件，都呈现出一种虚幻的、像仙境一样的深青色。”

思。有不少孩子睡着了，也有不少在埋头于自己的发明。他们制造着的工具、器械、仪器，他们培植或采集着的植物、花卉和果实，也同这座宫殿的气氛那样，具有异乎寻常的、闪着光的青色。在身穿有点透明的淡青色衣服的孩子们中间，来回走动着好些身材修长、宁静美丽的天使。

蒂蒂尔、米蒂尔和光悄悄地来到柱子之间。今天一大早，兄妹俩就被光拉起来，说要带他们去一个神奇的地方，在那里不止可以找到青鸟，还可以知道未来。但是光把糖、猫和面包都关在了地下室里，因为她认为他们知道未来之后就不会服从了。至于狗，让他知道未来他的命运，这也不好，所以也没有让他一起前往。

插叙

此处属于插叙，补充交代了蒂蒂尔兄妹到未来王国的原因以及没带糖、猫、面包和狗的原因。起到了解释说明的作用，使文章脉络更加清晰。

蒂蒂尔贴着柱子，小声地问光："我们这是在哪儿？"

"我们在未来王国，在这些还没有出生的孩子们中间。"光看着从各处跑出来的孩子。原来他们的到来在青袍孩子们中间引起了一阵骚动。一会儿，孩子们就从各处跑来，围住这些不速之客，好奇地端详着他们。"既然钻石能让我们在这儿看清楚一般人看不到的东西，兴许我们在这儿能找到青鸟呢。"

"可是这儿怎么什么都是青色的？一切都太美了！"蒂蒂尔环顾四周，"你们瞧，这些孩子都跑过来了，他们是发现我们贸然闯进了他们的世界，所以生气了吗？"

光指着青袍小孩，让蒂蒂尔看得再仔细些："不是，你好好看看，虽然他们笑吟吟的，但他们感到吃惊。"

越来越多的青袍孩子聚了过来，他们七嘴八舌地议论道："是活在世上的小孩子啊！来看活在世上的小孩子呀！"

借代

此处运用了借代的修辞手法，因为青袍小孩还没出生，所以青袍小孩用"活在世上的小孩子"代指蒂蒂尔兄妹，体现了他们与蒂蒂尔兄妹的区别，引发读者的联想。

米蒂尔不解地问："干吗他们管我们叫'活在世上的小孩子'？"

光回答："因为他们还没有生出来，他们都在等待出生那一刻的到来啊！"

"出生那一刻的到来？"兄妹俩显然不能理解光的意思。

光继续解释道："不错，所有的孩子都是从这儿出生到地球的。每个孩子都等着自己的出生。凡是父母想要孩子了，你看见的右边那些大门便会打开，婴儿就从那儿下去。"

"我们也是从这里掉下去的吗？真神奇，那些青袍女人又是谁呢？"蒂蒂尔在得到光的肯定答复之后，又问道。

"不清楚！"光也无法确定她们的身份，"大概是守护的人吧。据说她们要在人类之后降生。可是我们是不许去问她们的，因为这是地球的秘密。不过你们可以和这些孩子们认识认识，瞧，那个孩子对你最好奇，你过去和他说话吧。”

“该对他说什么呢？”蒂蒂尔虽然想上去说话，可是又不知道该如何开口。

“说什么都行，就像你平时和一个朋友说话儿那样。”光看到调皮的蒂蒂尔也会有扭捏的时候，不禁笑了起来，“他不会伤害你的，你别这样不自然嘛！要不我走开，你们会更自在一些。我去找那位青袍女人谈谈。”

动作、语言描写

此处是对蒂蒂尔的动作描写与语言描写，蒂蒂尔摸青袍小孩的衣服，并问“这是什么”，体现了他对青袍小孩的好奇。

蒂蒂尔走近那个青袍小孩，一边问好，一边好奇地用手指去摸孩子的青袍：“这是什么？”

青袍小孩则一本正经地用手去摸蒂蒂尔的帽子：“这是什么？”

“这个吗？这是我的帽子！你没有帽子吗？”

“没有，这是干吗用的？”

“这是拿来说‘你好’用的。”蒂蒂尔来了个脱帽礼，“当然，也可以拿来防冷的。”可是看到青袍小孩一脸疑惑的表情时，他又

“蒂蒂尔故意抖动身体，用劲屈伸手臂，还将双手合起来，往里面哈气。”

为对方解释起什么是冷了。

“冷就是像这样‘格格格’发抖的时候，还有就是要朝手上呵气，手臂要这样屈伸的时候。”蒂蒂尔故意抖动身体，用劲屈伸手臂，还将双手合起来，往里面哈气。

青袍小孩被蒂蒂尔的样子逗得咯咯直笑：“可真有意思。地球上冷吗?”

蒂蒂尔十分热心地向青袍小孩介绍起地球的情况：“冷呀，有时候，在冬天，没有生火时……”

省略号

此处是对蒂蒂尔语言的省略，表示了蒂蒂尔的话还没有说完，就被青袍小孩打断了，体现了青袍小孩强烈的好奇心。

“为什么不生火?”

“因为生不起火，要花钱去买柴火的……”

“钱是什么?”

“是用来买东西的。有的人有钱，有的人一点钱也没有。”

“为什么?”

“因为他们不是富人。你是有钱人吗?你几岁?”

“我不久就要出世，要过十二年以后才知道。你是怎么生出来的?”

蒂蒂尔这可答不上来，只好承认自己不知道。

青袍小孩毫不在意，仍然沉浸在对地球的幻想中：“听说地球和世上的人都美极了!”

蒂蒂尔点了点头：“是的，并不差。而且还有鸟、点心、玩具，有的人这三样都有，而那些没有的人只能干瞧着别人。”

青袍小孩最关心的还是自己未来的母亲和家人。他很想知道母亲是不是像别人说的那样善良。

他的话让蒂蒂尔又想到了自己的母亲，尽管她很唠叨，但是却是自己心中最善良的人：“说真的!母亲比什么都好!奶奶也是这样。但她们都死得太快了。也许她们太忧愁，或者太伤心了。”

青袍小孩问：“你的妈妈或者奶奶也死了吗?”

“我的奶奶已经去世了，妈妈还在。不过这就够我们伤心的了，我的奶奶对我真好!”蒂蒂尔又想起了自己和奶奶在一起的日子，眼眶不禁泛起了泪花。他鼻子一酸，一滴滴晶莹的泪珠顺着脸颊滚落下来。

珍珠是由珍珠母贝或蚌贝等软体动物的细胞膜分泌珍珠质包裹异物(砂粒、寄生虫)聚合而成的凝结物。珍珠通常是圆形、白色且有光泽。文中把蒂蒂尔的眼泪说成珍珠，表现了孩子心中的纯真。

“你的眼睛怎么啦?怎么会滚出珍珠来?”青袍小孩似乎从未见过别人哭泣的样子，指着蒂蒂尔大呼小叫。

“不，这不是珍珠。”

“那是什么呢?”青袍小孩追问道。

动作、语言描写

蒂蒂尔不愿让人看到自己的脆弱，他谎称是青色使眼睛难受，接下来他擦掉了眼泪，此处的语言与动作描写，反映出蒂蒂尔的成长，说明他已经学会了坚强。

“没有什么，是这些青色弄得我眼睛有点儿难受。”蒂蒂尔用手背擦了擦自己的眼睛，使劲儿地擤了下鼻涕。

青袍小孩可不打算放弃追问，他凑近了一些，观察着蒂蒂尔的眼睛：“喏，那往下掉的是什么啊？是从眼睛里面出来的吗？”

蒂蒂尔无奈地点了点头：“是的，有时哭的时候……”

“什么是哭？”

“额……我没有哭，都怪这青色不好。不过如果我要哭的话，也就是这个样儿的。你们这儿的人都不哭吗？”蒂蒂尔见青袍小孩连哭都不懂，好奇地问道。

“不哭，我们不知道怎么哭。”青袍小孩嘟着嘴巴，有些不满意蒂蒂尔的回答。

“你总有一天会学会的，你身上这些青色的大翅膀，是用来做什么游戏的？”现在终于轮到蒂蒂尔来提问了。

“这个吗？”青袍小孩指着翅膀，“是我到地球以后要发明的玩意儿。”

“蒂蒂尔用手背擦了擦自己的眼睛，使劲儿地擤了下鼻涕。”

“什么发明？你发明过什么吗？”蒂蒂尔不太明白他的意思。

青袍小孩一本正经地说：“发明过，你不知道吗？我到地球以后，一定要发明一样能使人幸福的东西。我现在每天都在研究这个东西，已经差不多快完成了，你想看看吗？”

“那还用说！放在哪儿呢？”蒂蒂尔迫不及待想要瞅瞅是什么样子的发明。

反问

作者通过“那还用说！”这一反问句，表现蒂蒂尔想看青袍小孩的发明的迫切心情，反问则增强了文章的气势。

青袍小孩指着不远的地方：“你看，就在那边了，在那两根柱子中间……”

这时，另一个青袍小孩走到蒂蒂尔的身边，拉他的袖子说：“你想看看我的发明吗？”

蒂蒂尔还没看清两根柱子之间的东西，随口答应道：“想呀，那是什么？”

第二个青袍小孩自豪地说：“是三十六种延年药。喏，装在青色的瓶子里。”

他还没说完，第三个青袍小孩就从人群中出来，打断了他的话：“我有一种没有人知道的光！”说着他全身便燃起了奇异的火焰。蒂蒂尔被这稀奇的景象吓了一跳，但又按捺不住好奇心，想要走近看个究竟。

可是，还没等他靠近那团火焰，又有一个青袍小孩拉蒂蒂尔的手臂：“你来看看我的机器，它能让没翅膀的鸟儿在空中飞翔！”

青袍小孩们纷纷围住蒂蒂尔和米蒂尔，一起嚷嚷道：“不行，不行，你来看看我的！不行，我的更好看！我的会令人吃惊！我的全是糖做的！他的没有意思！他剽窃了我的想法！”在纷乱的叫喊声中，这两个“活在世上的孩子”被推向青色的车间。在那儿，每个发明家都开动了自己的机器。于是一片灰青色机轮、机盘、飞轮、齿轮、滑轮、皮带，还有古怪的、尚无名字的机件，纷纷旋转起来，笼罩在淡青色的虚幻的烟雾中。一群奇异的机械制品腾空而起，翱翔于穹顶之下，有的机器则匍匐在柱子脚下。那些青袍小孩纷纷打开地图和设计方案，翻开书本，揭开青色雕像的幕布，捧来仿佛是蓝宝石和绿松石做成的巨大的花卉和水果。

齿轮是能互相啮合的有齿的机械零件，用于机械运动的传递。未来王国车间里的齿轮等象征着工业革命将改变未来。

一个背着巨大青雏菊的小孩来到他们面前，骄傲地说：“看看我的花儿吧！等我到地球上去的时候，就会有这么大的花了。”

蒂蒂尔和米蒂尔从来没有见过这么大的花，它简直比车轮还要大一些，小孩都可以坐在里面休息、玩耍。蒂蒂尔闻着花的香味，问道：“那是什么时候啊？”

比喻

这里将葡萄比作大灯泡，生动形象地描绘出葡萄的大小以及形状，突出了葡萄颗粒大且饱满的特点。

青袍小孩认真地回答："再过五十三年四个月零九天。"

蒂蒂尔不知道五十三年四个月零九天之后，自己会变成什么样子，也许已经变成白胡子老爷爷了吧。正想着，又过来两个青袍小孩，每人扛着一串大得夸张的葡萄，就像一根竹竿上挂满了大灯泡，每颗葡萄甚至比梨还大。

青袍小孩放下葡萄，上气不接下气地说："你看我的水果是什么？"

"一大串梨！"米蒂尔肯定地说。

两个青袍小孩看了看对方，笑着说："不是，这是葡萄！等我们到三十岁时，葡萄就是这个样子。我们已经找到培植的方法。你们可以尝尝，真的很好吃。"

兄妹俩接过青袍小孩递过来的葡萄，迫不及待地尝了一口。这葡萄不仅个头大，就连味道也比自己吃过的小葡萄更加香甜。正当两人吃得不亦乐乎的时候，又不断地有青袍小孩抱着自己的发明来给他们看。大得像西瓜的青苹果、比南瓜还大的青甜瓜，还有各种神奇的机械都让蒂蒂尔和米蒂尔不住地啧啧称奇，从心底里称赞这些还没出生的小孩的聪明才智，也更期待他们出生之后会把世界变成什么样子。

"于是一片灰青色机轮、机盘、飞轮、齿轮、滑轮、皮带，还有古怪的、尚无名字的机件，纷纷旋转起来，笼罩在淡青色的虚幻的烟雾中。"

就在大家都兴高采烈地讨论发明的时候，人群里突然传来了一声尖利的冷笑。

"这些有什么了不起的，我以后可是八大行星的国王。"

蒂蒂尔听到了这声音，好奇地问身边的青袍小孩："八大行星国王？他在哪儿？"

"我在这儿！"只见一个看来只有三四岁的小孩，拼命从人群里挤进来，傲然地站在蒂蒂尔的面前，昂着小脑袋盯着兄妹俩，尽管他很费劲才能站稳。

太阳系是一个天体集合体，包括太阳和所有受到太阳的引力约束的天体。它包括八大行星（按照离太阳从近到远的顺序为：水星、金星、地球、火星、木星、土星、天王星、海王星）以及至少173颗已知的卫星、5颗已经辨认出来的矮行星和数以亿计的太阳系小天体。

"嗨！你个子不大。"蒂蒂尔不禁哑然失笑，没想到未来的八大行星国王居然是个站都站不稳的小孩。

未来的八大行星国王严肃出了一句话："我将来所做的事必定伟大。"

"那你将来要做什么？"米蒂尔不像哥哥那样对此怀疑，她觉得这个小孩说的是真的。

"我要建立太阳系行星联邦。所有行星都属于这个联邦，除了土星、天王星和海王星，这三个行星距离太远，远得无法到达。"说完这段话，他又大模大样地走了，倒真有些国王的样子。

接着，蒂蒂尔和米蒂尔又认识了各种各样的青袍小孩。比如说要把真正的欢乐带到地球上的小孩子；能在太阳变暗的时候找到一种火温暖地球的小孩子；时时刻刻抱在一起亲昵，要把纯洁的感情带到地球上的小孩子；消除地球上所有不义的小孩子；还有能够战胜死神的小孩子……

蒂蒂尔忽然发现有一群小孩睡在柱子脚下、台阶上和凳子上，便指着他们问道："这些睡觉的小孩子呢，他们什么事也不做吗？"

"他们只是在思考。"有个小孩回答他。

"思考什么？"

小孩叹了口气说："还不知道他们在思考什么，不过他们在出生前一定得带样东西，因为这儿是禁止空着手走的。"

"是谁定下的规矩啊？"

小孩严肃地回答："是时间，他就站在大门的出口。当他开门的时候你就会看见他，他非常固执……"

伏笔

小孩对时间老人的评价为下文故事情节发展埋下了伏笔：他是否如小孩所说的那样固执呢？激发了读者的阅读兴趣。

正当蒂蒂尔在想象时间的样子时，忽然听到有人在喊自己的名字。声音从大殿的尽头传过来，越来越近。一个小孩分开人群，一边跑，一边热情地向他打着招呼。

"嗨！你怎么知道我的名字？"蒂蒂尔不认识眼前的这个小孩子，刚才也没有见过他拿着自己的发明围过来。

棕榈节又称棕枝主日，在复活节前一周的星期日举行，是基督教传统节日。传说耶稣“受难”前进入耶路撒冷城时，信徒们手执棕榈树枝迎接耶稣，此后便发展为棕榈节。

跑过来的小孩就像久别重逢的好友一般，热烈地抱拥抱蒂蒂尔和米蒂尔：“你们好！身体好吗？来，抱抱我呀，米蒂尔，我也想抱抱你！”小孩子看到兄妹两个仍然一副摸不着头脑的样子，便笑着解释道：“我知道你们的名字并不奇怪，因为我是你还没出生的弟弟。有人刚刚对我说你在这儿，我就立刻从大殿的那一头飞奔过来了。请你们告诉妈妈，我已经准备好了。”

“弟弟?!”

蒂蒂尔与米蒂尔对视了一眼，不敢相信自己的耳朵。蒂蒂尔有些迟疑地问：“那么？你是打算到我们家？”

小孩拉着蒂蒂尔和米蒂尔的手舍不得松开：“对啊！就在明年的棕榈节的礼拜天。我小的时候可别太欺侮我哦。我非常高兴能先看到你们。告诉爸爸，把摇篮修好。我们家里好吗？吃得好吗？”

蒂蒂尔接受了这个弟弟：“不算坏！妈妈可好了！至于吃的嘛，那要看情况。有时候甚至有点心，对吧，米蒂尔？”

米蒂尔点了点头：“妈妈会在元旦和七月十四日做点心给我们吃。”

蒂蒂尔像是想起了什么，有些期待地问道：“你口袋里装着什么？你会带点什么给我们呢？是好吃的水果还是神奇的机器？”

小孩非常自豪地伸出三根手指：“我带来三种疾病：猩红热、百日咳和麻疹。”

“啊！就是这些！”蒂蒂尔没想到弟弟带来的居然是三种疾病，“那你以后要干什么呢？”

“以后吗？之后我就要走了！”小孩很自然地说。

“那还值得来吗？”蒂蒂尔疑惑地问。

小孩有些无奈地摊着手说：“可是这能由自己选择吗？”

蒂蒂尔想起之前爸爸在村子里面奔走，请医生来医治自己生病的兄弟姐妹，便十分心疼这个未来将要遭受病痛折磨的弟弟。他还想说些话来安慰弟弟的时候，一阵有力、清脆的颤声在整个大殿里面响起。这绵延不断的声音仿佛是从柱间和乳白色的大门那儿发出的，一股更强烈的光照射在柱子和大门上。所有的青袍小孩听到这巨大的响声，纷纷离开了自己的机器和工作向大门奔去，就连许多睡着的也醒了过来，盯着那些乳白色的大门。

悬念

绵延不断的声响发出后，所有的青袍小孩都跑了出来，不禁让人产生疑问，到底发生了什么呢？可以引起读者阅读的兴趣，为下文情节发展做铺垫。

“他举着镰刀徒然地对着空气挥了几下，又看了看自己手中的沙漏，只好悻悻地回到船上。”

事情。

小孩指着门说：“是时间！他快要开门了！”

蒂蒂尔问：“时间是什么人？”

小孩着急赶向大门，不耐烦地说：“时间是个老公公。他现在起床了，那些在今天出生的孩子回到地球上的时刻到来了。你看到了吗？时间老人开始抽门闩了，他会把今天要走的小孩子都叫走。而那些没有到时间的小孩子则无法蒙混过关，会被他一把推开。”

“人人都高兴走吗？”蒂蒂尔说。

“留下才难受呢，不过走时又觉得难过。瞧！瞧！他开门了！我要走了，说不定今天就轮到我了！”小孩挣脱蒂蒂尔的手，向门跑去。

蒂蒂尔也想靠近大门看看时间老人的样子，但他刚一迈开步，就被光赶忙拉住了：“我们得赶快躲到柱子后面去，不能让时间看到我们。”光抱着兄妹俩站在柱子后面，望着大门那边发生的一切。

以静衬动

此处用大殿的安静来衬托地球的喧嚣，以静衬动突出了人世间的浮躁、喧嚣，更能够突出未来之国的安宁、美好。

“咯吱、咯吱”，乳白色的大门传来了铰链被慢慢打开的声音。仅仅是一条缝就足以将地球的喧嚣的声音放进来。原本熙熙攘攘的大殿在这一刻安静了下来，所有的小孩子都沉浸在来自地球的声音中。这时，一道道红绿两色的光射进大殿，时间出现在门槛上，这是一个高个儿老人，长长的白胡子飘在前胸。他手持镰刀和沙漏，望着曙光下的玫瑰色云雾形成的码头，那里停泊着染上金光的

比利时的节日

导语： 比利时处于欧洲的西北部，与多国接壤，被称作“欧洲的十字路口”，历史上是多民族杂居的地方。厚重的历史、独特的地理位置和多元文化的融合，在比利时碰撞出精彩纷呈的文化面貌，使得它发展出独有的民俗节日，展现出独特的比利时风情，这使它成为著名的文化旅游胜地。

1. 班什狂欢节是在布鲁塞尔南面的一个小城班什举行，从每年三月的第一个星期日开始，为期三天，第三天是最热闹的一天。节日里人们化装游行，穿着特殊服装的滑稽小丑“日乐”，手持装满橘子的柳条筐，抛向围观人群，进行“橘子大战”。图 1 为人们装扮成小丑“日乐”造型。
2. 比利时的布拉邦特地区自 14 世纪开始，每年都会举行布拉邦特民间艺术节。节日期间人们会扮成稻草人在街头游行，有时表演古老的“跑驴”舞。图 2 为节日期间人们扮稻草人游行的场景。
3. 抛猫节是在每年五月的第二个星期日，在比利时西部的伊泊尔镇举办。抛猫节起源于中古时期，当时流行鼠疫，人们为向老鼠求情而将猫摔死，于是就把这一天定为抛猫节，以纪念那些冤死的猫。这天街上到处都是猫玩具，小孩子们会化装成猫游行。图 3 是节日的化装游行。
4. 比利时首都布鲁塞尔每年会举办民间于连节，用来纪念撒尿浇灭敌人的炸药导火索，而拯救了这座城市的小英雄于连。节日期间人们给于连的雕像披上盛装，聚集在广场表演各种文艺节目，唱《蓝色多瑙河》，还不时分发啤酒、咖啡及糖果给市民和游客品尝。图 4 为《于连雕像》。
5. 每年的 7 月 21 日是比利时的国庆日，比利时于 1830 年脱离荷兰并宣告独立，成立比利时王国，王位世袭，并推举利奥波德亲王担任国王，改称利奥波德一世。他于 1831 年 7 月 21 日登基，这天就成了比利时的国庆日。图 5 为比利时第一任国王利奥波德一世。

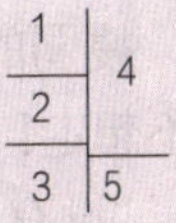

1. 瓦隆节源于 1923 年，有着将近百年的历史。通常在九月的第三个周日举办，以纪念瓦隆人民在 1830 年的比利时革命中做出的杰出贡献。活动月期间，瓦隆大区各城市会举办各类文艺活动，踩高跷是其中的压轴戏。图 1 为节日期间踩高跷活动。
2. 每年九月的第一个周末，比利时布鲁塞尔会举行盛大的啤酒节。比利时以出产高质量及多种口味的啤酒享誉全球，比利时的啤酒超过四百种，被称为“啤酒天堂”。
3. 比利时靠近东部的城镇马尔梅迪有个“煎蛋饼节”，每年都吸引大批观光客。每到这大厨师会用一个直径达 4 米的大锅，丢入 25 公斤的培根，50 公升的油和数公斤的蔬菜后，大家齐力倒入近 1 万颗鸡蛋的蛋液，炒熟后分给现场的人食用。
4. 比利时每三年会在不同的地区举行一次巨人节，其间会有盛大的游行队伍，抬着或用轮子推着巨人在锣鼓或管乐的伴奏下边走边舞。比利时各地的巨人加起来有 1500 多个，参加游行的巨人每个都有一段背景故事。
5. 每年的 11 月 15 日是比利时国王日。这一天，王族成员和贵族会在圣米歇尔大教堂举行隆重的庆典，政府各部门也休假一天。图 5 是比利时的皇家徽章，同时也是国徽。

帆船。

“出生时间到了的人都准备好了吗?”时间老人苍老的声音悠悠地传到每一个人的耳中。

一部分青袍小孩挤出人群，从四面八方跑来：“我们来了！我们来了！我们来了……”

时间老人严厉地对着排列成行准备出去的孩子们说：“一个挨一个！怎么排队的又多出要走的了呢?!谁也骗不过我!”说着，他开始将那些不是今天出生的小孩子统统推出队伍：“还轮不到你！回去吧，你是明天！你也不是，回去吧，过十年再来。现在不是忒俄克里托斯或维吉尔的时代。地球上的医生已经太多了，现在需要的是工程师。还需要一个正直的人，只需要一个。”

“你们这些孩子，那边的，别走得太快！你呀，你带着什么?什么也没有？两手空空？那不能过去！要准备好一样东西，大罪也行，疾病也行。随你的便，我无所谓。但总得有样东西。”时间老人注意到有个小孩拼命地往后退缩。“喂，你呀，你怎么啦？你要明白，你出生的时间到了。人们需要一个同不义斗争的英雄，他就是你，你必须走。”

其他青袍小孩七嘴八舌地说道：“他不想走，先生。”

“什么？他不想走?”时间老人生气地质问着眼前的这个瘦弱的小孩、“那你这个发育不全的小不点想要怎样？别再啰哩啰唆了，我们没有时间。”

瘦弱的小孩子连连摆手，想要再次退回到人群中。“不，不！我不想走！我宁愿不出生！也要待在这儿!”

“没有什么可说的了！你的时间到了，时间到了！得了，快往前走!”时间老人作势就要上前来拉他。

旁边的另一个小孩走上前，向时间请求道：“让我过去吧！我来顶替他！听说我的爸爸妈妈都老了，等我等了那么久!”

时间老人摇着头拒绝：“不行！丁是丁，卯是卯。我如果听你们的就没完没了啦。这个想走，那个不想走，这个嫌太早，那个嫌太晚。没有轮到你们的时候个个积极地想要提前出生，等轮到你们的时候，又害怕和退缩了!”他对几个就要跨出门槛，又突然往后缩的小孩喊道：“喂，怎么啦？你们怎么回事啊?”

> **语言描写**
> 时间老人作为一个管理者，他要求所有人要遵守秩序，他的这段话体现了他一视同仁、做事认真的态度。

“我忘带盒子了，里面放着我要带去的两桩罪。”

“我也忘了带小罐，里面搁着引导人们的思想。”

“我忘了带我最好的梨树嫁接枝。”

几个小孩子争着回答道。

时间老人用镰刀狠狠地拄了一下地："你们快跑去拿来！只剩下六百零十二秒了！曙光之船已经扬起帆篷，这表示要出发了。你们如果迟到，就再也不会出生了，快点，快上船！"

忽然，时间老人抓住个想从他裤下钻到码头上去的小孩："啊！又是你，不行！你想抢先出生这是第三回了！如果让我再逮住你，你就要到我的姐妹永恒那儿去等着，你知道在那儿要受到严重惩罚。得了，都准备好了吗？都站好位置了吗？"他巡视着集合在码头上以及已坐在船上的孩子，计算了人数后发现还缺一个。

动作、语言描写

此处是对时间老人的动作描写与语言描写，时间老人一把抓住试图抢先出生的小孩，并警告它如有下次就要让他去永恒那里惩罚他，体现了时间老人非常的严格。

"藏也没有用，我看到你在人堆里了！别想骗过我！得了，大家管你叫情人的那个小家伙，同你心爱的人告别吧！"时间老人逼视着人群中的一个青袍小孩。

那两个被叫作情人的小孩深情地抱在一起，脸色因绝望而变得惨白。他们走到时间老人的面前，双双跪在他的脚边。

神态、动作描写

此处是对叫作情人的小孩的神态与动作描写，当他们面临分离时，深情拥抱，脸色惨白，跪下来求时间老人让他们在一起，体现了他们当时痛苦、绝望的心情。

第一个情人乞求道："时间先生，让我同他一块儿走吧！"

第二个情人则乞求道："时间先生，让我留下同她待在一起吧！"

"不行！我们只剩三百九十四秒了！"时间老人严词拒绝了他们的请求。

"那我宁愿不出生！"第一个情人忽然歇斯底里地叫起来。

第二个情人仍然苦苦哀求着："时间先生，我走得太晚了！等我出生的时候，她已经不在人世了。您就不能让我们一直待在一起吗？我们不想孤单地活在世界上啊！"

时间老人不为所动，冷酷地说："这一切我都管不着！你们如果觉得不甘就去对生命求情吧！我只能按吩咐结合和分离。"说着他伸手抓住第一个情人，就要扔到船上。

第二个情人死死地攥住第一个情人的衣服："让她留下！让她留下吧！"

"得了，这又不是去死，是去投生呀！快走！"时间老人推开第二个情人，把第一个情人拖上了船。

第二个情人对拖走的小孩伸出双臂，发狂似的大声地呼喊："留句话！就留一句话！告诉我怎么再找到你！"

被拖走的小孩在船上拼尽所有的力气喊出最后一句话："我会永远爱你！"

第二个情人悲伤地哭泣着说道："我将是最忧伤的人！你一定

沙漏是一种计时仪器，由两个玻璃球和一个狭窄的连接管道组成。通常用通过上部玻璃球的沙子穿过管道流入下部玻璃球所需要的时间来计时。文中时间老人拿沙漏象征掌握着时间的流逝。

斗篷是披在肩上没有袖子的外衣，形如斗，故称斗篷，一般都在上路、出门的时候穿，用于挡风、御寒。在西方故事中斗篷常与魔法联系到一起。

会认出我的！”说完便倒了下去，直挺挺地躺在地上。

时间老人看了眼沙漏，催促着剩下还没有登船的小孩：“快点上船！只剩六十三秒了。”

今天要走的和留下来的孩子相互拥抱，依依不舍地道别：“再见，皮埃尔！”“再见，让！”“你的东西都带齐了吗?！”“你要把我的思想先透露出去！”“你没忘带什么东西吧?”“一定要认出我来呀！”“我会认出你的！”“没有忘掉你的思想吧?”“把你的情况告诉我呀！”“听说这办不到！”“办得到的，办得到的！你一定会试试出来的！”“想法子告诉我人世好不好！”“我会跟着去找你！”“我要投生在王位上！”。

时间老人不耐烦地挥动着他的一串钥匙和镰刀：“行了！行了！起锚了！”

帆船开始移动，终于消失。船上孩子们的叫喊声也越来越远：“地球！地球！我看见地球了！地球多美呀！地球多明亮呀！地球多大呀！”然后，从遥远的地方传来了轻快歌声，仿佛发自深渊之底。

蒂蒂尔躲在柱子后面看到这分别的场景，问光：“这是什么声音？不是小孩的歌声，好像是大人的歌声。”

光的眼睛一直盯着远方的船：“对，是母亲们迎接他们的歌声。”

时间老人关上乳白色的大门的一刻，转身向大殿瞥了最后一眼，突然发现了从柱子后面走出来的蒂蒂尔、米蒂尔和光。

时间老人十分惊讶，没有想到居然会有外人闯了进来，继而愤怒地向他们走来：“怎么回事？你们在这儿干什么？你们是什么人？你们干吗不穿青袍？你们是怎么进来的？”话音刚落，他就不由分说地举起镰刀砍向蒂蒂尔等人。

动作描写

此处是对光的动作描写，在危机时刻，光“张开一件具有魔力的斗篷”，并且带着蒂蒂尔兄妹“捉到一只青鸟钻进斗篷”，光在千钧一发时的这几个动作体现了她的机智与勇敢。

在千钧一发之际，光张开了一件具有魔力的斗篷，只要藏在里面，便不会被外面的人发现。光带着蒂蒂尔、米蒂尔和捉到的一只青鸟钻进斗篷，时间老人一下子失去了目标。他举着镰刀徒然地对着空气挥了几下，又看了看自己手中的沙漏，只好悻悻回到船上。随着“砰”的一声，门闩重重地落下，大殿里再次恢复了宁静。

阅读导航

蒂蒂尔兄妹在光的庇护下，成功地躲过了时间老人的追杀，他们终于回到了家中，可是，等待他们的竟是一场别离……

第十一章
告别

蒂蒂尔和米蒂尔在光的保护下，成功地躲过了时间老人的追杀。兄妹俩跟着她离开了青袍小孩的王国，返回了仙宫。第二天，熹微的晨光刚刚照亮了大地万物，连最勤劳的公鸡也还没有起床，光就带着蒂蒂尔、米蒂尔、面包、糖、火和奶来到了一间屋子里。这间不大的屋子四面都是红墙，还有一扇小绿门。蒂蒂尔觉得眼前的一切既熟悉又陌生，似乎在很久之前就来过这里，可自己一点儿也想不起来。

“这间不大的屋子四面都是红墙，还有一扇小绿门。”

时间过得飞快，还距离蒂蒂尔和米蒂尔出去找青鸟已经过去了一年的时间。此刻兄妹俩还未察觉离别的时刻就将到来，存在他们脑海中的只是一段段与光、面包、狗等一起冒险的画面。

光问蒂蒂尔："你还记得这里吗？这堵红墙和小绿门，你一点儿都想不起了吗？"

"这里让我想起了时间老人把我们赶了出来。"蒂蒂尔拼命地回忆着，断断续续地将自己脑中的片段一点点挤了出来。米蒂尔也在旁边望着屋子里的摆设，不知所措。

"做梦时可真古怪，会连自己的手也认不出来。"光捂着嘴，笑着问道："这堵墙围着的这间屋，你出生后看见过多少次了？"

"这间屋我看见过多少次了？"蒂蒂尔被光的话点中了，好像想起些什么。

"是的，小家伙，你睡迷糊了！"光揭开了谜底。"有一个晚上，我们离开了这间屋子去寻找青鸟，算下来正好是一年前。"

"正好是一年以前？是在什么时候？"蒂蒂尔瞪大了眼睛，不

“光问蒂蒂尔：“你还记得这里吗？这堵红墙和小绿门，你一点儿都想不起了吗？””

敢相信自己一年前就在这里。

“别把眼睛睁得像宝石洞那样大，我们离开的日子正是平安夜啊！而这就是你爸爸妈妈的家呀！”光看到蒂蒂尔的眼睛瞪得越来越大。

比喻

此处将蒂蒂尔的眼睛比作宝石洞，生动地描绘出他的眼睛瞪得很大的样子，体现出他当时的惊讶程度。

蒂蒂尔走近绿色的小门：“我相信是的，因为我认得出这小门栓。他们在家吗？我们已经接近妈妈了吗？我想马上进去，马上看到她！”说着他就要去开门。

光拦住了蒂蒂尔，让他不要心急：“等一下，他们正睡得香呢，不要惊醒他们。而且不到时候这扇门不会打开。”

“那什么时候才会打开呢？要等很长时间吗？”米蒂尔在一旁插嘴道。她也很想爸爸妈妈，很想立刻就跳进他们的怀里撒娇，等不及要告诉他们自己经历过的奇妙历险。

“不用！只要那么几分钟就好了。”不知为何，光的声音突然低了下来，充满了失落与不舍。

“光，你怎么了？我们回家你不高兴吗？”蒂蒂尔看见光脸色苍白、浑身颤抖。“你怎么啦，光？你是生病了吗？”

原来，在寻找青鸟的这段日子里，光被兄妹俩的勇敢、善良、质朴所打动，非常喜欢他们，舍不得与他们分开。她怜爱地看着蒂蒂尔和米蒂尔说：“没有什么，我的孩子们。我只是有点难过，因为我要跟你们分别了。”

“跟我们分别？为什么要和我们分别？”蒂蒂尔激动地问光。

“因为一年过去了，仙女就要回来找你要青鸟。而我在这里已经没有事儿了，所以即将离开。”光抚摸着蒂蒂尔的头，轻声细语地向他解释道。

语言、动作描写

此处是对光的语言以及动作描写，光抚摸蒂蒂尔的头并且向他解释即将分别的原因，她的语言和动作能够体现她温柔的性格以及对蒂蒂尔的爱。

蒂蒂尔一时间也不能接受要和光分别的事实，他忽然想到仙女交给自己的任务并没有完成：“可是我们还没有找到青鸟啊！思念之土那只鸟全变黑了，未来王国那只鸟全变红了，夜宫那些鸟全死了，我也没有抓住森林里的那只鸟。这些鸟要么改变颜色，要么死了，要么飞走了，难道是我的错儿吗？仙女会生气吗？她会说什么？”

光安慰他说：“不用担心，蒂蒂尔。仙女知道我们已经尽力而为了，也许真正的青鸟并不存在，或者是刚把它关在笼子里它就会改变颜色。”

“鸟笼放在哪儿啦？”蒂蒂尔急忙问道。

面包连忙腆起肚子，像一位演说家一样：“笼子在这儿，主人。这一路上，虽然历经了艰难险阻，但是由于我的尽心尽力，这鸟笼完好无损。今天我的差事要了结了，我把笼门关得好好的、原封不动地交还到您手里，就像您交给我时那样。现在，承蒙诸位好意，请允许我补充几句……”

火不耐烦地打断了面包的话：“可是我们没有请你演讲呀！请停止你的唠叨吧！”

一贯与火站在对立面的水小声地斥责了火，并示意面包继续。

面包一脸庄重地继续讲了下去，声音也越来越高：“一个卑鄙的仇敌、一个心怀嫉妒的对手，他恶意地打断但阻止不了我将义务履行到底，以诸位的名义，并怀着真诚的、深深的、持久的激动，我要向两位上帝的小选民告辞了，他们崇高的使命在今天结束。我怀着悲伤和依依不舍的心情同他们告别。”

> **语言描写**
>
> 此处是对蒂蒂尔的语言描写，蒂蒂尔的三个问句，表明他没有想到告别接踵而至，体现了他的惊讶与不舍。

“怎么？你也要跟我们告别？你也要跟我们分别？”蒂蒂尔没想到告别接踵而来。

面包叹了口气：“唉！不得不这样。我要同你们分别，这是千真万确的了。不过这只是表面上的分离，你们从此听不到我说话就是了。”

火没好气地说：“那并不是什么不幸！我也不需要你来代表我说话。”

面包却丝毫没受火的影响：“我刚才说，你们从此听不到我说话了，你们也将看不到会活动的我了。你们的眼睛将如同以前一样看不到物体隐秘的灵魂了，不过我将会一直在那儿：在面包箱里，在木板架上，在桌子上，在汤的旁边。我敢说，我是人最忠实的伙伴，最老的朋友。”

“好了，时间很快就要到了。”光招呼其他人来向兄妹俩道别，“等我们恢复原来的状态时，钟声就会敲响。我们快点吻别孩子们吧。”

火第一个冲上前，热烈地抱着他们亲吻：“我先来，我先来！再见，蒂蒂尔和米蒂尔！再见，我亲爱的小家伙！你们以后生火时请想到我哦。”可是火实在是太激动了，他没有控制好自己身上的火焰，烧得两个孩子哇哇大叫。

“多没有教养啊！你可不是在和壁炉打交道。”水走近两个孩子：“孩子们，让我温柔地跟你们吻别，不会弄痛你们的。只要我吻过你们烫过的地方，你们就不会再痛了。”

“是吗？小心，她会弄湿你们一身！甚至会淹没一切。”火在旁

边冷嘲热讽道。

“你什么时候见过我把他俩弄湿了呢？我对人类可是很善良的。”水吻了吻他们刚才被火烫到的地方。“你们以后看到有水的地方，比如说喷泉啊、溪流啊、水井啊，这些都是我的藏身之所。”水说到这里不得不停下来，因为她的泪水止不住地往下流。水稍微平静了一下，继续说：“还有你们家的水龙头。”说着，她一边擦眼泪，一边退到后面去了。

糖走上前来，还是一副甜蜜蜜的样子：“如果你们的记忆里还有一小块儿地方，那么请记着，我对你们总是甜蜜的。我不对你们多说了，眼泪同我的体质是不相容的，要是落在我的脚上，会使我受到伤害的。”

蒂蒂尔和米蒂尔与大家一一告别，最后他发现狗和猫不见了，于是大叫道：“蒂莱特和蒂洛到哪儿去了？他们在干吗？”

几乎是与此同时，不远处传来了猫凄厉的尖叫。

米蒂尔有些担忧地说：“蒂莱特在哭呢！有人伤了她了！”

正说着，猫哭喊着跑进来。她的毛发凌乱，华丽的衣衫也被撕破了。她拿手帕按住面颊，显得狼狈不堪。她在前面痛苦地奔跑，狗在后面紧追不舍，一副誓不罢休的样子。大家赶紧过来把他们给拉开了，但是猫和狗还是不停地咒骂着对方。

光严厉地问：“这是怎么回事？到底出什么事了？”

“大家赶紧过来把他们给拉开了，但是猫和狗还是不停地咒骂着对方。”

悬念

当蒂蒂尔兄妹与大家一一告别时，传来猫的惨叫声，不禁让人产生了疑问，到底发生了什么事情呢？作者设置悬念，激发了读者的阅读兴趣，为下文情节的发展作铺垫。

语言描写

此处是对光的语言描写。当猫与狗发生争执时，光认为在和两个孩子告别之际，吵架"越加显得不光彩"，体现出光能顾全大局，非常冷静、理智。

猫躲进米蒂尔的怀里，一边擦着眼泪装可怜，一边向众人控诉狗的暴行："光夫人，狗整天欺侮我。他骂我；把钉子搁到我汤里；他拉我的尾巴；他拼命打我，而我什么错儿也没有，全没有，全没有！"

狗模仿着猫的声音阴阳怪气地说："全没有，全没有！哼！你等着吧！好戏还在后头，你还要挨揍！"

这个时候，光又开口了："我们马上就要同这两个可怜的孩子分别了，这个时刻已经够令人心烦意乱的了，你却偏偏挑中这个时候让我们看到这种场面，你们的行为越加显得不光彩！

"我们很快就要回到沉默中去了。我们再也不能跟他们说话了。而你们还要将这最后的时间浪费在互相辱骂和攻击上吗？"

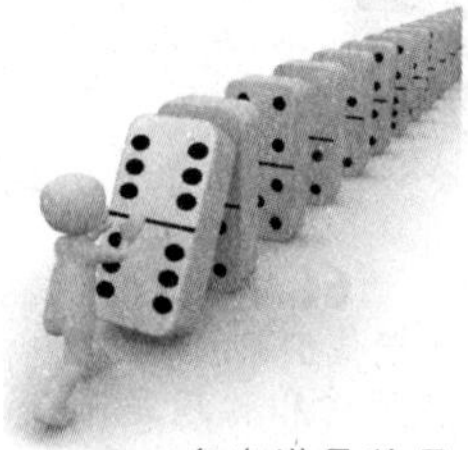

多米诺骨牌是一种木制、骨制或塑料制成的长方体牌。最早起源于中国，玩时将牌按一定间距排列成行，轻轻碰倒第一枚，其余的牌就会产生连锁反应，依次倒下。

光的字字句句都像钢针扎进了狗的心里。他发出了绝望的悲号，扑到两个孩子怀里："不，不！我不想分别！我不想分别！我要永远会说话！你是理解我心情的，我的小神仙，是不是？是的，是的，是的！要一直互相倾诉，什么都能说！我一定听话！我要学会念书写字，玩多米诺骨牌！我会始终干干净净的。我再不到厨房里偷东西。你要我做什么事情，我都会同意的，哪怕你要我去拥抱猫。"

米蒂尔不忍看着狗，转过头对着怀里的猫说："你呢，蒂莱特？你一句话也不对我们说吗？"

猫站起来，拥抱了兄妹俩一下，假装十分伤心地说："我爱你们。我很高兴能够变成人，跟随你们去寻找青鸟。虽然我没有帮上什么忙，但是有这样一场美好的旅行，总比我虚度光阴要好得多啊！"

大家都已经和两个孩子告别完了，只剩下光站在一边。

"现在轮到我了，孩子们。是时候向你们告别了。这是我给你们的最后一吻。"说完，光蹲下来，将兄妹两人拥入怀中，深情地在每个人的额头上吻了一下。

动作、语言描写

此处是对蒂蒂尔兄妹的动作和语言描写，他们攥住光的衣服，恳求光留下来，生动形象地体现了他们的不舍之情。

蒂蒂尔和米蒂尔攥住光的长裙，恳求道："不，不，不，光！留下来同我们待在一起吧！爸爸妈妈不会说什么的。我们会告诉他们你很善良。"

光摇了摇头："唉！我不能留下来呀！我不能进这道门，我该离开你们了。"

蒂蒂尔拉着她的手，追问道："你一个人要到哪儿去？"

"离这儿不远，孩子们。就在那万物沉寂的地方。"光脱开了蒂蒂尔的手。

光接着说："别哭，我的好孩子。我不像水会发出声音，我只有人根本听不懂的光亮。但我会照拂人类，直到世界末日。你们别忘了，在每一缕的月光中；在每一丝闪烁的星光里；在每一片喷薄而出的曙光中；在每一道点燃的灯光中；在每一个你美好明晰的思想闪光里，我都在跟你们说话。"

> **排比**
> 连续使用了五个"在每一"句式，构成了排比句，光旨在告诉他们，她并没有真正离开，此处排比句的使用，使文章更具说服力，增强了文章的气势。

这时，墙上的那座钟敲了八下。

"听！时间到了！再见！孩子们！进去吧，进去吧！爸爸妈妈在等你们呢！"那扇绿色的小门打开了一点，光将两个孩子推了过去。等两个孩子进去，门便又关上了。光的身影越来越模糊，最终化成一道光线。其他人也都哭泣着奔逃，消失在房间的各个地方。在一片寂静中，似乎只有狗的号啕声残留在角落里。

我的好词好句

⊙质朴　模糊　欺侮　誓不罢休　狼狈不堪

⊙这间不大的屋子四面都是红墙，还有一扇小绿门。蒂蒂尔觉得眼前的一切既熟悉又陌生，似乎在很久之前就来过这里，可自己一点儿也想不起来。

⊙你们别忘了，在每一缕散布空间的月光中，在每一丝微笑闪烁的星光里，在每一片喷薄而出的曙光中，在每一道点燃的灯光中，在你心灵美好明晰的思想闪光里，我都在跟你们说话。

阅读导航

他们一觉醒来，发现家里像是变了样子，原来苦苦寻找的青鸟就在身边……

第十二章
梦醒

细节描写

此处是对清晨时蒂蒂尔家的细节描写，八点已过，两个孩子睡得正香，烘托出一种温暖的环境氛围。

蒂蒂尔和米蒂尔被光推进门后，一道耀眼的白光就照得他们睁不开眼，然后他们就什么都不知道了……

伐木人的钟已经敲过了八次，日光畅快地从关闭的百叶窗的缝隙中透入。房间里，蒂蒂尔和米蒂尔在他们的两张小床上睡得正香。蒂蒂尔的母亲穿着围裙推门进来，蹑手蹑脚地来到床边看着兄妹俩，满眼都是笑意。两个孩子的睡相都可爱极了，蒂蒂尔的身上有着薰衣草的香味，米蒂尔身上散发着铃兰的香味。他们的小脸红扑扑的，都发出均匀的呼吸声。母亲温柔地责备道："起来，起来！小懒鬼！你们不害臊吗？八点都敲过啦，太阳已经升到森林上面了！天哪！他们睡得多香，睡得多香！"

薰衣草属唇形科薰衣草属，多年生耐寒耐旱花卉。原产于地中海沿岸，蓝紫色花序，颖长秀丽，薰衣草是最受人们欢迎的"香料之王"，在西方薰衣草还象征着幸福的源泉。文中对薰衣草的叙述，是作者对蒂蒂尔的美好寄托。

母亲俯下身子，分别亲吻了两个孩子的脸蛋："孩子们多好呀！不过他们总不能一直睡到晌午！我们不能把他们养成懒骨头。"说着，她轻轻地摇着蒂蒂尔："喂，喂，蒂蒂尔。"蒂蒂尔和米蒂尔慢慢地睁开眼。他们嘴里念叨着："光，你别走！不，你不要离开我们。"

母亲诧异地问道："光？天早就亮啦！光被百叶窗关在外面呢，外边同晌午一样亮了。等一下，我来把窗打开。"她把窗推开，刺眼的日光倾泻进了房间里。

蒂蒂尔揉了揉眼睛，发现眼前的竟然是妈妈："妈妈！是您呀！您怎么会在这里呢？"

妈妈被蒂蒂尔的问题逗乐了："傻孩子，当然是我啦！你一定是睡糊涂了吧。怎么用这么奇怪的眼神看着我啊？难道我的脸变了吗？我的鼻子翻了个儿？"

"啊！真的是您啊！妈妈！"蒂蒂尔一下子就从床上爬起来，扑到妈妈的怀里，紧紧地搂着妈妈的脖子。米蒂尔也抱着妈妈不放，生怕再也见不到她了。

动作描写

这是对蒂蒂尔的动作描写，通过"爬""扑""搂"这几个动作，可以看出他见到妈妈很兴奋，这一系列动作表现出他当时的激动与喜悦之情。

"你们怎么啦？蒂蒂尔，你还没醒过来吗？你是不是病了？怎么说些妈妈听不懂的话。来，伸出你的舌头！快起来吧，穿上衣服。"

蒂蒂尔发现自己身上穿着汗衫，奇怪地自言自语道："我旅行时穿着衣服的呀！"

妈妈疑惑地问道："什么旅行？"

蒂蒂尔兴高采烈地向妈妈介绍自己精彩的寻找青鸟之旅："就是去年圣诞节开始的旅行啊！我同米蒂尔、仙女、光一块儿走的，还有面包、糖、水、火等。光夫人对我们非常好，水、火总是打架。您不是生气吧？您没有太伤心吧？爸爸他说什么呢？我留了一个纸条做解释的。"

"去年圣诞节？可是你们一直都在这里啊！从昨晚到现在，你们都在这个房间里睡觉啊！"妈妈完全听不懂蒂蒂尔在说些什么。她忽然有些担心这两个孩子到底怎么了，是不是晚上发生了什么不好的事情，让他们怎么满口胡话：什么仙女，什么面包先生，什么猫狗大战。他们到底在胡说些什么？难道是因为还没有醒，说的都是梦话吗？妈妈又使劲儿摇了摇蒂蒂尔的胳膊："喂，你醒醒呀！好点没有？"

蒂蒂尔站在床上，说："妈妈，我敢说，是您没睡醒呢！"

妈妈摇着头，不可思议地说："什么？我还没睡醒？我早上六点就起来了，把家务事都收拾完了，还生着了火。"

蒂蒂尔接着说道："妈妈，您问问米蒂尔是不是真事！她和我一起去的啊！我们一起经历了好多次冒险呢！我们还看到了爷爷奶奶呢！"

"爷爷奶奶？"妈妈越来越困惑，转过头去问米蒂尔，"什么，米蒂尔？怎么回事？"

米蒂尔点了点头说："是呀，我们在'思念之土'看到了爷爷奶奶。他们虽然去世了，但是他们身体很好。奶奶还给我们做了好吃的李子馅饼，还有我的小兄弟姐妹：罗贝尔、让、玛德莱娜、皮艾蕾特、波莉娜和丽盖特。”

神态、动作、语言描写

此处是对妈妈的神态、动作、语言的描写。听到两个孩子讲着自己听不懂的话，妈妈神情慌张，她迅速跑到外面告诉爸爸“孩子们病啦！”，体现出妈妈对孩子的担忧与深深的爱。

蒂蒂尔在旁边随声附和着。两个人你一言我一语地将自己经历的奇妙冒险讲给妈妈听。什么森林里的树人啊，未来王国的青衣小孩啊，大腹便便的幸福们啊……

还没等他们讲完，妈妈就非常不安地跑到房门口，惊慌地喊起来：“我的上帝！他们怎么啦？我又要失去他俩了，就像失去先前的孩子那样！蒂蒂尔爸爸！蒂蒂尔爸爸！你来呀！孩子们病啦！我们可不能再失去他们了。”

蒂蒂尔的爸爸正在外面劈柴，听到了妻子的叫声，马上跑进了房间。米蒂尔和蒂蒂尔快乐地冲过去拥抱自己的爸爸。一家之主看着两个生龙活虎的孩子，一点儿也不像生病的样子。他听着妻子哭诉着刚才的事情：

“你可不能光看这个，否则会像之前那些孩子一样：他们的气色直到末了也是很好的，但上帝后来就把他们夺走了。我不知道他俩怎么回事。昨天晚上我招呼他俩睡下时还非常正常，可今天早上

“米蒂尔和蒂蒂尔快乐地冲过去拥抱自己的爸爸。”

醒来的时候，瞧，一切都不对了。简直不知他们说些什么，他俩说什么旅行来着。他们看到了光呀、爷爷呀、奶奶呀，又说爷爷奶奶虽然死了，但身体可好啦！”

蒂蒂尔的爸爸听完了之后，静静地沉思了一会儿，刚想让蒂蒂尔把事情完整地讲一遍，门外就传来了敲门声。

妈妈打开门一看，原来是他们的邻居小老太婆。她拄着一根拐杖站在门外，向他们问好。

“早上好！圣诞快乐啊！”

蒂蒂尔和米蒂尔看到老太婆，马上就迎了上去，围着她跳啊、笑啊：“贝丽吕娜仙女呀！您好！圣诞快乐！”

老太太有些耳背，并没有听清楚孩子们在喊些什么，她认为这是孩子们对她的欢迎。“亲爱的邻居！圣诞节快乐！我来找你们讨一点火种去烧过节的炖牛肉。今天早上冷得够呛。早上好，孩子们，你们好呀？”

蒂蒂尔想到也许仙女是来找自己要青鸟的，可是自己并没有找到它。只好有些不好意思地说：“贝丽吕娜仙女太太，真对不起！我没有找到青鸟。”

心理、语言描写

此处是对蒂蒂尔的心理描写与语言描写，当他想到没有完成仙女交给自己的找到青鸟的任务时，他很不好意思地向老太太道歉，这体现了蒂蒂尔的愧疚心理，说明他是个诚实守信的孩子。

老太太还是没听清楚，便问旁边的蒂蒂尔妈妈：“他说什么？什么鸟？”

妈妈也不知道该怎么解释，只好一摊手说：“问我也没用，贝兰戈太太。他俩简直不知道在说些什么，今天早上醒来就这样。大概是吃了什么不合适的东西了。”

老太太问蒂蒂尔：“喂，你认不得我是贝兰戈大妈吗？你的邻居贝兰戈吗？”

蒂蒂尔点了点头回答道：“认得，太太！您是贝丽吕娜仙女！您不生气吧？”

老太太侧着身子，想要听得更清楚一些：“贝丽什么？贝兰戈，你是想说贝兰戈吧。”

蒂蒂尔：“贝丽吕娜，贝兰戈，随您的便，太太。米蒂尔知道得可清楚啦！”

看到孩子这个样子，一直没说话的蒂蒂尔爸爸终于开口了：“蒂蒂尔！我看你是还没有睡醒吧！你在邻居面前胡说些什么！看我一会儿怎么收拾你们！”

语言描写

此处是对蒂蒂尔爸爸的语言描写，他认为蒂蒂尔兄妹两个在胡说，并警告他们，“看我一会儿怎么收拾你们！”，体现了爸爸非常的严格与强势。

“别别别，您可别生气。随他们去，用不着打。”老太太赶忙劝道。“我知道怎么回事，只不过受到点梦的影响，他俩大概睡在了月光下。我那个病歪歪的小姑娘常常会这样。”

蒂蒂尔母亲关心地问道：“对了，你的小姑娘身体怎么样啦？”

老太太难过地说：“马马虎虎吧！暂时还不能起床。医生说是神经性疾病，但我知道什么能治好她。今天早上她还问我来着，她要过圣诞节，她老想着这个……”说到这里，老太太看了一眼蒂蒂尔，又叹了口气。

> **省略**
>
> 此处省略了老太太想说的话，她的小姑娘想要蒂蒂尔的那只鸟。鉴于前两次蒂蒂尔的拒绝，老太太欲言又止。体现出老太太无奈与失落的复杂心情。

大家都知道老太太的孙女想要的东西是什么。自从生病以来，她一直念念不忘的就是蒂蒂尔的那只斑鸠。那女孩总是说只要得到了斑鸠，自己的病就一定会好起来的。可是蒂蒂尔非常喜欢这只斑鸠，他是无论如何也舍不得送人的。

妈妈不忍心看到老太太如此难过，便劝蒂蒂尔：“蒂蒂尔，我知道，你很珍惜自己的鸟儿。但是那个小姑娘太可怜了！喂，蒂蒂尔，你要不把鸟儿送给这个可怜的小姑娘吧？也许她真的能够好起来呢！”

其实，妈妈之前劝过蒂蒂尔好多次了，但每次都被蒂蒂尔拒绝了。这次妈妈也没有抱什么希望。但现在的蒂蒂尔和以前的可不一样了。

> **补叙**
>
> 这里运用了补叙，补充交代了之前蒂蒂尔拒绝把鸟送给邻居女孩的事情，与后文蒂蒂尔慷慨送鸟形成鲜明对比。使行文跌宕起伏。起到出人意料的效果。

蒂蒂尔像是想起了什么似的，一拍自己的脑门：“嗨，真的，我的鸟儿！鸟在哪儿？啊！鸟笼在这儿！米蒂尔，你看见鸟笼了吗？就是面包提着的那一只，是的，是的，就是这一只。可是只有一只鸟儿了！瞧！瞧！是只青鸟！可是那是我的斑鸠呀！”

蒂蒂尔惊奇地发现自己的斑鸠居然比之前要更青了！这会不会就是我们要寻找的那只青鸟呢？一定是的！原来我们走了那么远的路寻找的鸟儿就在这儿！真妙呀！”

“米蒂尔，你看清这鸟儿了吗？这就是我们要找的青鸟啊！”蒂蒂尔忙不迭地让米蒂尔看鸟笼中发生的神奇景象。“光会怎么说呢？仙女一定也会很高兴的！我去把鸟笼取下来！”在众人惊讶的眼神中，他爬上椅子，取下鸟笼，递给邻居的老太太：“贝兰戈太太，您拿好。这鸟颜色还没有完全变青，您之后再看看，它会全变青的，快拿去给您的小姑娘吧！”

爸爸妈妈都为蒂蒂尔能够主动地将鸟儿给邻居的孙女而感到高兴。更别提老太太了，她简直不敢相信自己的眼睛，激动得说不出任何话。她双手合十，一个劲儿地向蒂蒂尔道谢：“当真？你就这样白白地送给我吗？天呀！她会多高兴呀！我得亲亲你！我走了！我走了！”

“爸爸妈妈都为蒂蒂尔能够主动地将鸟儿给邻居的孙女而感到高兴。”

蒂蒂尔却催促她：“好，好，快走吧！有的鸟儿会改变颜色呢！”

老太太连连点头称是，于是她提着鸟笼以最快的速度向自己的家走去。她心里想的就是在第一时间将鸟儿交给自己的孙女。

动作、心理描写

此处是对老太太的动作描写与心理描写。蒂蒂尔答应把鸟送给她的孙女后，她提着鸟笼以最快的速度向家走去，她心里只想尽快把鸟交给孙女。体现了老太太拿到鸟后的激动心情，以及她对孙女深深的爱。

等邻居老太太走后，蒂蒂尔长时间地打量着自己家的房间，并露出十分惊喜的表情：

“爸爸，妈妈，你们在家干什么来着？房里虽然没变样，但是漂亮多了。一定是全都粉刷过了，全换成新的了，什么都闪闪发亮，非常干净！去年可不是这样的。”

“去年？”

蒂蒂尔走到窗前，赞叹道：“看看这座森林！多大、多美呀！仿佛刚长出来似的！在这儿多么幸福呀！”说着，他走过去打开面包箱：“瞧，面包多安静呀！还有，这儿是蒂洛！你好，蒂洛，蒂洛！啊！你搏斗得真出色！你还记得森林里那一仗吗？”

米蒂尔在旁边找着什么：“蒂莱特呢？她认得我，可她不会说话了！”

蒂蒂尔一摸自己的额头：“咦，我的钻石没了！谁拿走了我的帽子？算了！我再也不需要了！”

“啊！火！他多好！他笑得毕剥作响，总惹得水要发狂。”蒂蒂尔一会儿又跑到水龙头那儿："水呢？你好，水！她说什么？她还在说话，但我不像以前那样，我听不懂她的话了。"

兄妹俩就这样在家一会儿和各式各样的东西说着话，一会儿牵着手在客厅唱起歌来。妈妈看到他们又蹦又跳的样子，刚才的忧愁也消去了一大半。爸爸看见他们这么高兴，也放心地坐在桌子边："不用管他们，别担心！他俩觉得开心就好。"

这时候，又有人敲门。

蒂蒂尔把门打开，发现门外站的是老太太，她还牵着一个金色头发的小姑娘，十分美丽。她紧抱着蒂蒂尔的斑鸠。

老太太一进屋，就激动地拉着蒂蒂尔的手："你们看，真是奇迹！我的孙女一收到你送给她的鸟儿就可以下床走路了。我真是太高兴了！谢谢你！蒂蒂尔。"蒂蒂尔的爸爸妈妈也为老太太感到高兴，妈妈还陪着老太太抹起泪来。

"真是没想到，她真的可以走路了！"

老太太握着妈妈的手，又哭又笑："走路！简直是在跑呢、在跳呢、在飞呢！这样一蹦，就到了窗前，想看清是不是蒂蒂尔的斑鸠。之后嘛，嗨！她就像天使飞到了街上，我好不容易才跟上了她。"

夸张

这里运用了夸张的修辞手法，老太太说病愈后的小姑娘走路"简直是在跑呢、在跳呢、在飞呢！"表达了她内心无比激动的心情，引起读者共鸣。

老太太的孙女抱着斑鸠，羞涩地站在门边。她显然还没腾出空来有适应这欢乐的场面。蒂蒂尔和米蒂尔望着这个美丽的女孩，讨论着她的样子。

蒂蒂尔惊奇地对妹妹说："看！她长得多像光呀！"

"是很像，不过她要比光小得多呢！"米蒂尔回答。

蒂蒂尔点了点头："那当然！不过她总有一天会长大的。"

米蒂尔推了推哥哥，说："你要不要过去和她打个招呼，交个朋友呢？"

蒂蒂尔被妹妹这么一说，有些不好意思地往后退了一步："我去干吗啊！你去嘛。"

动作、语言描写

此处是对蒂蒂尔的动作描写与语言描写。看到邻居小女孩时，蒂蒂尔向后退了一步，并让妹妹去上前打招呼，体现了他腼腆、害羞的心理。

蒂蒂尔的妈妈在一旁听到了兄妹俩的对话，笑着说："喂，蒂蒂尔，你怎么啦？难道你怕这个小姑娘？还是因为之前一直不愿意给人家斑鸠而感到不好意思呢？来，亲亲她，好好给她一个吻。你平时不是不害羞的吗？蒂蒂尔，你怎么啦？"

米蒂尔先跑过去，拉着那个女孩，亲热地聊起天来。蒂蒂尔则慢吞吞地跟在后面，笨拙地吻了女孩的额头一下。蒂蒂尔站在她的面前，有些手足无措，不知道该说些什么。他抚摸着斑鸠的小脑袋，轻轻地问道：“你觉得这鸟儿够青了吗？”

“够青了，我非常喜欢。谢谢你。”

“我看见过颜色更青的，纯青的。你知道吗？它怎么逮也逮不着。”蒂蒂尔迫不及待地要告诉小女孩自己的神奇经历。

“没有关系，这只鸟够漂亮了。”小女孩抚摸着斑鸠，开心地笑了：“你平时都喂它吃些什么呢？”

蒂蒂尔不假思索地回答：“它什么都吃，麦子呀、玉米呀、知了呀……我来给你演示下怎么喂它吧！”说着，他就想把鸟从小姑娘手里接过来，可是小姑娘本能地不愿意。就在他们争执之时，斑鸠趁机挣脱，腾空而去。

“哎呀！妈妈！我的鸟儿飞走了！”小女孩绝望地大哭了起来。

蒂蒂尔第一个冲出去，但他很快就跑回来，并安慰女孩说：“没有关系！别哭！我知道青鸟在哪里，我一定可以把它抓回来的。”

蒂蒂尔已经知道青鸟在哪里了，你知道吗？

上图为成虫知了

知了是一种同翅目昆虫，通常吸取树汁为食。雄知了腹部有一个发声器，能连续不断地发出响亮的声音。知了成长分为卵、幼虫和成虫三个阶段。

“就在他们争执之时，斑鸠趁机挣脱，腾空而去。”

图书在版编目（CIP）数据

青鸟 /（比）莫里斯·梅特林克著；亦谐编译．
南昌：江西美术出版社，2025. 3. -- ISBN 978-7-5802-0107-2

Ⅰ. I564.88

中国国家版本馆CIP数据核字第20257W2685号

出 品 人：刘　芳
企　　划：北京江美长风文化传播有限公司
策　　划：侯海博
责任编辑：楚天顺　朱鲁巍　　策划编辑：朱鲁巍
责任校对：吕保军　　责任印制：谭　勋
封面设计：冬　凡　　插图绘制：闫　林

青鸟
QINGNIAO
［比］莫里斯·梅特林克　著　亦　谐　编译

出　　版：江西美术出版社
地　　址：江西省南昌市子安路 66 号
网　　址：www.jxfinearts.com
电子信箱：jxms163@163.com
电　　话：0791-86566274　010-82093785
发　　行：010-88893001
邮　　编：330025
经　　销：全国新华书店
印　　刷：三河市万龙印装有限公司
版　　次：2025 年 3 月第 1 版
印　　次：2025 年 3 月第 1 次印刷
开　　本：720mm × 1020mm　1/16
印　　张：7.5
字　　数：97 千字
ISBN 978-7-5802-0107-2
定　　价：25.00 元